日本労働法学会誌118号

個人請負・委託就業者の法的保護
障害者差別禁止法の理論的課題

日本労働法学会編
2011
法律文化社

目　次

《シンポジウムⅠ》　個人請負・委託就業者の法的保護
　　　　　　　──労働契約法および労働組合法の適用問題を含む──

シンポジウムの趣旨と討論概要……………………………鎌田　耕一　3
個人請負・委託就業者の契約法上の地位……………………川田　知子　8
　　──中途解約・契約更新拒否を中心に──
個人請負・委託就業者と労組法上の労働者概念……………橋本　陽子　26
コメント………………………………………………………中窪　裕也　39

《シンポジウムⅡ》　障害者差別禁止法の理論的課題
　　　　　　　──合理的配慮，障害の概念，規制システム──

シンポジウムの趣旨と総括……………………山川隆一・中川　純　45
障害者差別禁止法の法的性質と現実的機能……………中川　純　53
　　──救済と実効性確保の観点から──
障害者差別禁止法における
　　差別禁止事由および保護対象者……………………畑井　清隆　65
障害者差別禁止法における差別概念……………………長谷川珠子　77
　　──合理的配慮の位置付け──

《個別報告》

ドイツにおける解雇の金銭解決制度の
　　史的形成と現代的展開……………………………山本　陽大　91
労働契約における権利規制と義務創設………………龔　　敏　107
　　──中国労働契約法を起点として──
性差別としての妊娠差別規制の問題点………………富永　晃一　120

有期労働契約の法規制の
 あり方に関する比較法的検討……………………………… 烏蘭格日楽　137
　　──日本・中国・ドイツを比較して──

《回顧と展望》
管理監督者の深夜割増賃金請求の可否……………… 新屋敷恵美子　155
　　──ことぶき事件・最二小判平21・12・18裁時1498号19頁，
　　　労判1000号5頁──
労働組合法上の労働者性をめぐる
 2つの最高裁判決について……………………… 竹内（奥野）寿　165

日本学術会議報告………………………………………… 浅倉むつ子　177
日本労働法学会第121回大会記事……………………………………… 180
日本労働法学会第122回大会案内……………………………………… 185
日本労働法学会規約…………………………………………………… 186
SUMMARY……………………………………………………………… 189

《シンポジウムⅠ》
個人請負・委託就業者の法的保護
——労働契約法および労働組合法の適用問題を含む——

シンポジウムの趣旨と討論概要	鎌田　耕一
個人請負・委託就業者の契約法上の地位	川田　知子
——中途解約・契約更新拒否を中心に——	
個人請負・委託就業者と労組法上の労働者概念	橋本　陽子
コメント	中窪　裕也

《シンポジウムⅠ》

シンポジウムの趣旨と討論概要

鎌 田 耕 一

(東洋大学)

Ⅰ　ミニシンポの趣旨

　近年，就業形態の多様化に伴い，個人で労務を供給しその報酬で生活する就業者が増大している。こうした就業者の多くは，発注者との交渉力の不均衡があるため，労務供給契約の解約，更新拒否，業務の瑕疵に対する責任，報酬額決定，報酬支払等に関する契約トラブルや，業務に関連する傷病に対する補償，契約内容に対する団体交渉要求に対する交渉拒否などの紛争が発生している。こうした紛争に対して，紛争当事者である就業者は労働法規範の適用を求めて裁判所に提訴したり，労働組合を結成して団体交渉を求めて労働委員会に申立を行っている。

　これまでは，学説は労働法の適用範囲を広げるためにさまざまな解釈学的試みを行ってきた。しかし，現状では，裁判例は，こうした就業者に対する労働法の適用に慎重である。そこで，本シンポでは，①個人請負・委託就業者の労働契約法上の労働者概念と労働法が適用されない場合の個人請負・委託就業者への法的保護（とくに中途解除と契約更新を中心に）の在り方について川田知子会員が，②労働組合法上の労働者概念と個人請負・委託就業者の集団的労使関係の在り方について橋本陽子会員が報告を行った。この報告に対し，中窪裕也会員がコメントし討論を行った。

II　討論の概要

1　川田報告に対する討論

　浜口桂一郎会員からは，労働契約法上の労働者を労基法のそれと区別して考える必要性，実益はあるのかという疑問が提起された。とくに，労基法の労働者であれば労基法が自動的に適用されるのに対して，労働契約は当事者の合意によって成立するのであるから，より狭くなりはしないかとの指摘があった。これに対して，川田は，労基法上の労働者と対比して，労契法上の労働者は広義の指揮監督を要素として広く捉えていること，具体的には，事業組織への組み入れおよび使用者との専属的，継続的関係の設定が基準となると説明した。

　次に，古川景一会員から，川田報告が労働契約法上の労働者を労基法上のそれと同視するのは立法者意思であるとの報告があったがこれを立法者意思と捉えるべきではないこと，次に，川田報告は労働契約の判断要素に業務内容の指示を加えているが，プロフェッショナルな委託就業者の労働者性を判断するにあたって，この要素をあげることは不適切であると批判した。これに対して，川田は，労働契約の要素を広い意味の指揮監督に求めており，ここでいう業務内容の指示という判断要素も，業務遂行の前になされる指示を含む広いものであると説明した。

　和田肇会員からは，川田報告でいう事業組織の組み入れという基準は，労組法上の労働者性に関する最近の最高裁判決で述べているものと近いと考えてよいかという質問がなされた。これに対して，川田は，事業組織の組み入れという点では近いものといえるが，労働契約の判断基準はそれだけではなく，使用者との継続的，専属的関係の設定も考慮に入れていると説明した。

　安西愈会員は，川田報告によれば，一定の委託契約が労働契約だとされると労働契約上の地位，権利義務関係を一律で請求できることになり，解約の問題だけにとどまらず，委託料も賃金となり，就業規則の適用も問題となり，当事者が意図しない問題も生ずることになるのではないかと質問した。これに対して，川田は，そのような問題が生ずる可能性もあり，よく検討したいと述べた。

鎌田は，安西会員の質問に対して，労働契約の解約には強行法規が適用されるが，任意法規に係る場面，例えば，債務不履行による損害賠償，瑕疵担保責任では当事者の合意に従って解決するので，委託契約の権利義務関係のすべてに労働契約法規範が適用されるわけではないとの補足を行った。

川口美貴会員からは，川田報告が労働契約の要素として事業組織の組み入れ，専属性，継続性をあげているが，こうした要素は必要ないのではないかという指摘があった。これに対して，川田は，確かに事業組織の組み入れを強調すると，そうしたことになるかもしれないが，使用者との関係の設定を重視していると説明した。

2　橋本報告に関する討論

和田肇会員は，①4月12日の新国立劇場運営財団事件，INAXメンテナンス事件の最高裁判決から一般的な判断基準が抽出できるか，②上記最高裁判決は，労働基準法上の労働者の判断を緩めたという読み方でよいのか，労基法上の労働者の判断とは質的に異なるのではないか，③質的な違いは，労組法上の労働者概念については，憲法28条の意図，不当労働行為制度の趣旨，団交促進があるのではないか，と質問した。

これに対して，橋本は，上記①の質問に対し，労働者性の判断にあたっては，判断（考慮）要素を比較してみると，上記の2判決はあまり違っていない。上記②の質問に対し，労働者概念については，ドイツのヴァンク教授の所説を参考に，事業リスクの引受という基準を提案した。上記③については，判決文では，不当労働行為の趣旨は論じられていないと思う。なお，労働者概念の相対性がいわれるが，これは考慮要素の評価の仕方の違いをいうと説明した。

宮里邦雄会員は，最高裁判決はあくまでも事例判断であり，判断基準，判断要素を抽出するという考え方をすべきではないと指摘した。今回の最高裁，後で出るだろうビクターエンジニアリング判決とともに，事実関係において共通に検討した事情に注意すべきである。ただ，最高裁判決には団体交渉の視点が入っていると思う。広い，狭いという議論ではなく，質的な違いを議論すべきであろう。これに対して，橋本は，判断要素の質の違いを現段階で明らかにす

倉重公太郎会員からは，橋本報告が事業組織への組み入れを指揮監督の中に位置づけているが，そういう読み方でよいのか。これに対して，橋本は，出演依頼を断れないということは諾否の自由はないということで，組み入れ自体に基準としての独自性がなく，指揮命令の拘束性を指しているのではないかと述べた。

　古川景一会員は，最高裁判決に判断基準，判断要素という文言はない，諾否の自由という言葉を使用していない，地裁では時間的拘束性に言及していたのに最高裁では言及していないことをどう評価するのか，と質問した。これに対して，橋本は，理解の違いということになるが，自分としては，判断要素は同じではないかと思う。中窪会員は，その文言的な根拠としては，最高裁は債務不履行責任との関連で出演依頼に服するといっているが，これは諾否の自由に関したものといえると補足した。

　豊川義明会員は，4月12日の最高裁判決は，地裁・高裁判決に対する労働法学会員の批判，中労委のソクハイ事件命令が影響を及ぼしたのではないか。使用従属性基準は契約関係で問題となるが，団体交渉権は違っている。事例判断であっても，一定の方向性はでていると思う。それは，事業組織の組み入れ，契約内容の一方的決定を基準とすることであり，諾否の自由の要素については否定的だということである。ヴァンク教授の提唱するような事業者性との関係が今後は重要であろうと指摘した。

　近藤昭夫会員は，事業組織の組み入れという基準は阪神観光事件で用いられた用語だと思うが，集団的労使関係における労働者性の判断基準として用いられたものであると意見を述べた。

　角田邦重会員は，ソクハイ事件中労委命令が労働者性の範囲を特定の労務供給契約に限定しないという基本的考えを示したことは適切だったと思う。労働者概念が広がってきたのは，労働条件の主体的形成の余地を広く認めようという考えが労組法にあるからだと思う。橋本報告が独禁法などのその他の法規との関係を指摘したことはよかったと思う。消費者契約法は交渉力の不平等を是正することが法律の目的になっているが，サービス社会において労務供給契約

を規律するうえで，合意の尊重だけではなく，交渉力の対等性の確保の視点をしっかりといれる必要があると意見を述べた。

毛塚勝利会員は，労働者性判断に使用従属性の基準が入り込む理由は，労働者性を会社との関係で把握するからだと思う。労組法3条と7条と二段階に分けて労働者性を捉えることもこうした考えによるのではないかと指摘し，独禁法の事業者に当たらない労務提供者は労働者だとみるがどうかと質問した。これに対して，橋本会員は，同じく，労組法の人的適用対象である労働者は3条で定めているのであり，7条を分けて労働者性を捉えることは意味がないとしたうえで，独禁法上の事業者との対比で労働者を定義する点で同じだとする。

西谷敏会員は，判例と自分の見解との境目，つながりをもっと透明にして説明してほしいとしたうえで，4月12日の最高裁判決には自分は不満があるので，労働者とは本来いかなる者かをしっかりと考えてほしいと要望した。

川口美貴会員は，学会誌原稿を書く上で，労組法上の労働者が労基法上のそれより広いというがどのような違いがあるのかを書いてほしいと要望した。

III まとめ

本シンポの報告，コメント，討論を通じて，個人請負・委託型就業者保護をめぐる論点としては，労基法上の労働者よりも広く労働契約法上の労働者を捉えるべきだとする点，委託，請負契約などに対して脱法行為論を用いて労働契約法の適用可能性を示唆した点，継続的契約の理論により契約更新拒否に対する保護を追求した点，4月12日の新国立劇場運営財団事件，INAXメンテナンス事件に関する最高裁判決の読み方と労組法上の労働者性の判断基準，判断要素を仔細に検討したこと，ドイツのヴァンク教授の所説を参考としながら，独禁法の事業者概念との対比で労働者概念を再構成しようと試みた点などの諸点があげられ，有意義であったと思われる。ただ，多くの論点は提示された段階にとどまり，今後の検討課題として残されている。

(かまた　こういち)

個人請負・委託就業者の契約法上の地位
―― 中途解約・契約更新拒否を中心に ――

川 田 知 子

(中央大学)

Ⅰ　はじめに

1　個人請負・委託就業者[1]の問題状況と課題

　近年，経済のサービス化，IT 革命といわれる情報通信技術の目覚ましい発展や国際競争の激化など，企業をめぐる環境が劇的に変化している。その中で，企業は生き残りをかけて，人件費及び事業費などコストを削減する必要に迫られている。その結果，従来正社員が従事してきた多くの業務は，パートタイム労働者などの非正規労働者だけではなく，請負や委任など労働契約以外の労務供給形式で企業に労務を提供する就業者によって担われることとなった。いわゆる，「非労働者化政策」の流れである[2]。

　個人請負・委託就業者の増大の背後には，労働契約以外の契約形式を選択することによって，発注者のリスクや使用者としての責任（例えば，労働安全衛生，労災補償，労働時間規制，解雇規制など経営上生じる様々なコスト・リスクの負担）を回避する実態がある。その結果，個人請負・委託就業者の多くは，発注者との

---

[1]　本稿では，他の企業（委託者）からの委託を受けて，労働契約以外の労務供給契約に基づき，委託された業務を遂行しこれに対して報酬を得ている就業者を総称して，「個人請負・委託就業者」という。

[2]　「非労働者化政策」は，すでに1960年代の高度経済成長期に「合理化」の一方法として採用され，その後，「石油危機」以降の経営環境の変化への対応の重要な方策としてのいわゆる「減量経営」のために活用された。吉田美喜夫「雇用・就業形態の多様化と労働者概念――労基法上の『労働者』の判断基準を中心として」日本労働法学会誌68号（1986年）33頁。今日のそれは，雇用・就業形態が多様化する中で，労働者と自営業者の区別が以前にも増して相対化・流動化することによって，推し進められているといえる。

間で対等な立場で契約交渉ができず，不利な契約条件を押し付けられたり，発注者からの強いコントロールを受けながら業務に従事している。また，このような就業者の中には，特定の発注者からの仕事の受注に依存している者も少なくなく，そのため，発注者が契約更新を拒否したり，一方的に契約を中途解約すると，彼らは途端に生活の糧を失ってしまうという深刻な問題を抱えている。

　このような問題を解決するためには，個人請負・委託就業者の交渉力・情報処理能力の不足を補完して契約自由の基盤を確保することによって，契約自由を実質的に保護する必要がある。また，企業間競争の不公正を解消して公正競争を促進するためや，「非労働者」の参入による「労働者」の保護水準の引き下げを回避するためにも，個人請負・委託就業者の保護の在り方を検討する必要がある。さらに，契約関係の安定性を一定程度保護することによって，就業者の役務の質を向上させる要素が積み重なり，結果的に，社会全体としての利益の増大につながることが，政策的にも望ましいといえる[3]。

2　検討の対象と方法

　以上のような問題意識から，本稿では，個人請負・委託就業者の契約法上の地位について検討する。まず，個人請負・委託就業者の中途解約及び契約更新拒否に関する裁判例を分析・検討することによって，これら就業者の就業の実態と裁判例の傾向および問題点を明らかにする。個人請負・委託就業者が抱える様々な問題の中で中途解約及び契約更新拒否を取り上げるのは，この問題がこれら就業者の生活の糧を奪う深刻な問題であり，その保護の在り方を検討することは重要な課題であると考えるからである。

　また，個人請負・委託就業者の中途解約及び契約更新拒否の規律について検討する。ここではまず，労働契約法（以下「労契法」という）の規定が適用される可能性について検討する。その前提として，労働契約の概念を精緻化し，労働契約を広くとらえることによって，個人請負・委託就業者の労働者性・労働契約性を肯定する可能性を示唆する。また，労契法の規定が適用されない場合

3）　契約関係の安定性の保護については，中田裕康「契約解消としての解雇」新堂幸司・内田貴編『継続的契約と商事法務』（商事法務，2006年）230頁参照。

については，契約法の観点から脱法的行為および継続的契約法理の適用可能性について検討してみたい。

なお，労基法上の労働者は今回のテーマと密接に関連するが，本稿では，契約関係に焦点を当てるので，それ自体には踏み込まないこととする。

II 個人請負・委託就業者の中途解約及び契約更新拒否をめぐる裁判例の傾向

1 対象とする裁判例と分類手法

まず，個人請負・委託就業者の中途解約及び契約更新拒否という，いわゆる契約の解消に関する裁判例を分析・検討することによって，現在の裁判例の傾向とその問題点を明らかにする。

本稿で取り上げる裁判例は以下のとおりである。

【1】NHK西東京営業センター（受信料集金等受託者）事件・東京地八王子支判平14・11・18労判868号81頁，同事件控訴審・東京高判平15・8・27労判868号75頁

【2】NHK盛岡放送局（受信料集金等受託者）事件・仙台高判平16・9・29労判881号15頁

【3】NHK千葉放送局事件・千葉地判平18・1・19労判926号70頁，同事件控訴審・東京高判平18・6・27労判926号64頁

【4】山崎証券事件・最一小判昭36・5・25民集15巻5号1322頁

【5】太平洋証券事件・大阪地決平7・6・19労判682号72頁

【6】泉証券（営業嘱託）事件・大阪地判平12・6・9労判791号15頁

【7】東京12チャンネル事件・東京地判昭43・10・25労民集19巻5号1335頁

【8】朝日新聞社（国際編集部記者）事件・東京地判平19・3・19労判951号31頁，同事件控訴審・東京高判平19・11・29労判951号31頁

【9】ジョブアクセス事件・東京地判平22・5・28労判1013号69頁，同事件控訴審・東京高判平22・12・15労判1019号5頁

【10】読売日本交響楽団事件・東京地判平 2・5・18労判563号24頁

【11】チボリ・ジャパン（楽団員）事件・岡山地判平13・5・16労判821号54頁

【12】新国立劇場運営財団事件・東京地判平18・3・30労判918号55頁，同事件控訴審・東京高判平19・5・16労判944号52頁，同事件・最高裁平19・3・27上告不受理

【13】アサヒ急配（運送委託契約解除）事件・大阪地判平18・10・12労判928号24頁

【14】ソクハイ民事（解約）事件・東京地判平22・4・28労経速2076号3頁

【15】ほっかほっか亭Ⅱ事件・名古屋地判平元・10・31（第一次判決）判時1377号90頁

【16】ほっかほっか亭Ⅱ事件・名古屋地判平 2・8・31（第二次判決）判時1377号90頁

【17】ほっかほっか亭事件・鹿児島地判平 4・8・28判例データベース【文献番号】28061024

【18】サークルK事件・名古屋地判平13・6・28判時1791号101頁，同事件控訴審・名古屋高判平14・5・23判時1798号86頁

　本稿では，これらの裁判例を主に職種の特徴に応じて，(1)「委託就業外勤職型」，(2)「専門職型」，(3)「特殊技能型」，(4)「運送請負型」，(5)「フランチャイズ型」に分類した。これらの職種類型に，契約の解消方法としての「中途解約」と「更新拒否」を組み合わせると，例えば，「委託就業外勤職型・中途解約事案」や「委託就業外勤職型・更新拒否事案」等に分類することができる。

　なお，現在の我が国における個人請負・委託就業者の実態把握は困難である上，個人請負・委託就業の契約形態や就業の実態は様々である。そのため，こ

---

4)　【1】【2】【3】【4】【5】【6】
5)　【7】【8】【9】
6)　【10】【11】【12】
7)　【13】【14】
8)　【15】【16】【17】【18】
9)　【1】【3】【4】【7】【9】【14】【18】
10)　【2】【5】【6】【8】【10】【11】【12】【13】【15】【16】【17】

の類型は,実際に存在している個人請負・委託就業者の全てをカバーしうるものではなく,これらの就業形態の一側面を取り出して類型化したものにすぎない[11]。

2 裁判例の分析

(1) 「委託就業外勤職型」

「委託就業外勤職型」の就業の特徴[12]は,一つの企業に専属しながら独立して業務を遂行する点や,企業から受持区域を指定されて,就業時間をある程度自分で決めて働く点にある。また,契約書の建前は,業務遂行における細々した労働の内容や方法を受託者の裁量に委ね,業務の内容や方法を具体的に規定していないので,実際の業務遂行過程において,受託者は委託者の指示を求め,その指示を受けて労働に従事する場合が少なくない。具体的には,証券会社の外務員,NHKの受信料集金受託者などの事案を分類した。

委託就業外勤職型の裁判例は,当事者の選択した契約の形式を重視して,労働契約の性質決定という独自の判断枠組みを用いている点に特徴がある[13]。その際,労働契約性は,使用従属関係の有無によって判断されている[14]。この基準に

---

11) 個人請負・委託就業者に関する裁判例を分析した先行研究として,吉田・前掲注2)論文34頁,鎌田耕一「就業形態の多様化と労働法の現代化——ILO「雇用関係に関する勧告」の意義」季刊労働法215号(2006年)5頁以下,独立行政法人労働政策研究・研修機構「「労働者」の法的概念に関する比較法研究」労働政策研究報告書No.67(2006年)47頁以下,川口美貴「労働者概念の再構成」季刊労働法209号(2005年)133頁以下がある。

12) 損害保険代理店やNHK受信料集金委託者の実態については,鎌田耕一「労務サービス契約の研究——業務委託契約・業務請負契約の研究」(課題番号14520073)平成14年度~平成16年度科学研究費補助金(基盤研究C(2))研究成果報告書60頁以下が詳細に分析している。

13) 例えば,裁判例【1】の控訴審(「本件委託契約の法的性質をいえば,委任と請負の性格を併せ持つ混合契約としての性格を有する」),裁判例【2】(「本件契約は,(準)委任契約と請負契約の混合契約とでもいうべき性質のものと解される」),裁判例【4】(本件外務員契約は「内容上雇傭契約ではなく,委任若しくは委任類似の契約であ(る)」)としている。

14) この点,裁判例【2】は,労働契約性の判断は,「本件契約の内容を実態に即して合理的に解釈した場合,契約当事者間に指揮監督を中核とする使用従属関係が認められるか否かによって判断するのが相当である」としている。また,裁判例【1】の地裁判決は,指揮監督関係があることから労働契約の性質を肯定したのに対して,【1】の控訴審では,使用従属関係を認めることはできないとして,労働契約性を否定している。

よれば，具体的な業務遂行過程における指揮監督が稀薄な委託就業外勤職型の事案は，ほとんどの場合，労働契約性が否定されることになる。

委託就業外勤職型の中途解約事案（【1】【3】【4】）を見ると，中途解約の理由は，不正な事務処理，営業成績の不良，委託契約上の解約事由に該当する義務違反があった場合等となっている。その理由として，この職種類型の場合には，業務遂行過程における具体的な指揮監督を行わない代わりに，契約書等において就業者（受託者）の付随義務や契約違反等の一定の事由による解約事由を詳細に規定していることが考えられる。

委託就業外勤職型の更新拒否事案は【2】【5】【6】である。裁判例【2】は，期間の定めのある契約は期間の満了により当然に終了するものであり，契約を更新するか否かは，契約自由の原則どおり，当事者の自由な判断に委ねられるとして，本件契約の期間満了による終了を認めている。裁判例【5】は，外務員契約の更新拒否は権利濫用には当たらないとし，また，裁判例【6】は，「本件契約が雇用契約である」とした上で，営業成績不良を理由とする更新拒絶は不当とはいえないと判断した。

(2)「専門職型」

「専門職型」の就業の特徴は，就業者自身が専門的な技術・技能を有して相当程度の裁量をもって業務を遂行することから，時間的・場所的拘束が比較的緩やかで，業務遂行方法に関する具体的な指揮命令を受けない点にある。具体的には，放送局のタイトルデザイナーや新聞記者などの事案を分類した。

本稿で取り上げた事案を見ると，裁判例【8】のように，具体的な指揮監督を受けず，時間的・場所的拘束もないケースや，裁判例【7】のように，出勤時刻の定めや出勤簿の作成はないが，実質的には出社を義務づけられ，相当の時間職場に留ることを要請されなど一定程度の拘束を受けているケース，さらに，裁判例【9】のように，時間的・場所的拘束性があり具体的な指揮監督を受けているケースなど，専門職の中でも多様な就業の実態が明らかになる。

専門職型の裁判例の特徴は，労働者性（ないし労働契約性）を判断する際に，具体的な指揮監督の有無，業務従事の指示等に対する諾否の自由，時間的・場所的拘束の有無，報酬の労務対償性を考慮要素として重視している点にある。

たとえば、裁判例【8】は、出勤日や時間の拘束が緩やかで、業務を行う場所の設定は自由であることや、具体的な指揮監督を受けていないことなどから、労働契約関係の成立を否定している。これに対して、労働契約性を肯定した裁判例【9】では、時間的・場所的拘束性が認められることや、業務遂行について自由裁量はなく指揮監督を受けている点が判断の決め手になっている。

紛争類型で見ると、裁判例【8】は労働契約関係の成立自体を否定していることから、契約の打ち切りについて判断していない。裁判例【7】と【9】は整理解雇事案である。【9】は、整理解雇の要素を満たすものではないとして、通常解雇として処理しているのに対して、【7】は、整理解雇の必要性の判断に際して、労働の従属性の強弱を考慮すべきとした点に特徴が見られる。

(3) 「特殊技能型」

「特殊技能型」の就業の特徴は、就業者自身が専門的な技能を有しているため一定程度の裁量をもって業務を遂行するが、多様な専門的職種が協働して業務に従事するので、時間や場所は比較的厳格に管理されている点に特徴がある。具体的には、吹奏楽団員やオペラ合唱団員などの芸能実演家を分類した。

特殊技能型の裁判例では、時間的・場所的拘束の有無、業務遂行上の指揮監督の有無、仕事の依頼に対する諾否の自由の有無、代替性の有無などが労働者性判断のポイントになっている。裁判例【10】は、時間的拘束があることや業務指示に対する諾否の自由がないことから、労基法上の労働者性を肯定している。また、裁判例【11】も、時間的・場所的拘束があることや指揮監督を受けていたこと、業務の代替性がないこと、さらに、報酬の労務対償性があること（欠席ないし降板した際にはその回数に応じて違約金を支払うなど）から、労働者性を認めている。これに対して、裁判例【12】（地裁）は、一定程度、時間的・場所的拘束があることや業務の代替性がないことを認めつつ、「音楽監督や指揮者との間に存する指揮監督関係や場所的・時間的拘束性は業務の性質そのものに由来するものであ（る）」として、労働者性を肯定する要素とみることはできないとする。

紛争類型を見ると、特殊技能型はいずれも契約更新拒否の事案である（【10】【11】【12】）。その理由は、吹奏楽団員やオペラ合唱団員の働き方の特徴にある

と思われる。すなわち，この働き方は，他者と協働して労務を遂行するため，年間のスケジュール管理や進行管理が決められていることや，楽団員の構成をある程度固定することによって独自の音楽性を創造していく必要があることから，使用者が契約を解消する場合には，中途解釈ではなく，区切りのよい契約更新拒否をとる傾向にあると考えられる。

裁判例【10】は，当該契約は契約期間の満了により終了したとされ，また，裁判例【12】は，労働関係の成立自体を否定して，更新拒否については判断していない。これに対して，裁判例【11】は，オーケストラや楽団の特徴，すなわち，契約を更新して継続的な契約を維持し，楽団員の構成をある程度固定することにより，独自の音楽性を創造していくという特徴や，契約更新の期待を持たせるような言動から雇用関係継続の期待があったとして，「契約の更新拒絶ないし雇い止めを行うことは，信義則上許されず，契約の更新拒絶ないし雇い止めを行うこともやむを得ないと認めるべき特段の事情が存在することが必要である」と判断している。

(4) 「運送請負型」

「運送請負型」は，業務に必要な生産手段を所有ないし賃借して，業務遂行に要する費用を自ら負担していることや，商品等を指定された場所に指定された時間に運送するという運送業務の性質上，指揮監督関係や時間的・場所的拘束が認められにくいという特徴がある。ここには，配送運転手やバイク便ライダーを分類した。

裁判例【13】は，従事する業務は被告から指示され，業務内容や就業時間の管理を受けていたこと，会社所有の車両を使用して業務に従事していたこと，その車両にかかる燃料代や保険料は会社が負担していたこと，報酬は労務の対償としての性格を有していたことなどから，労働者性を認めている。これに対して，裁判例【14】は，稼働日や時間帯を自由に決定することができたこと，個別の配送依頼に対する諾否の自由があったこと，運送業務の性質上，業務遂行過程における具体的な指揮監督や時間的・場所的拘束がないこと，報酬が出来高払方式であることなどに加えて，車両等の負担から事業者性が認められることから，労働者性を否定している。

紛争類型で見ると,【13】は雇用の継続に合理的期待を有していたとして,解雇に関する法理を類推適用したものであり,また,【14】は契約解除事由に該当する解雇を有効としている。

(5) 「フランチャイズ型」[15]

最後に,「フランチャイズ型」の就業の特徴は,フランチャイジー個人がその資金の全てを負担する事業者であるので組織に縛られないこと,また,具体的な指揮監督を受けないこと,就業時間が比較的自由で自律的に決定できること,諾否の裁量が広いこと,とされている[16]。ここでは,弁当配達やコンビニエンスストアーのフランチャイズ契約店の店長に関する裁判例を取り上げている。

フランチャイズ契約の解約は,継続的契約関係の終了という問題設定の中で判断されている。裁判例【17】は,フランチャイズ契約の解約に「契約を継続し難いやむをえざる事由」を必要とし,また,裁判例【18】は,「商品の信頼性を著しく害し,当該店舗における売上に著しい影響を及ぼすような場合に限定すべき」としており,いずれも継続的契約関係終了の法理によって判断している(結論的には,【17】及び【18】の地裁は,即時解約の効力を否定したのに対して,【18】の控訴審は即時解約の効力を認めている)。

また,フランチャイズ契約の更新拒否事案は,裁判例【15】【16】【17】である。裁判例【15】は,「公序良俗や信義則に反する等の特段の事情がない限り,期間の満了とともに終了する」としたのに対して,裁判例【16】は,「当事者双方の公平の見地から判断してこれを継続し難いやむをえざる事由が必要であ

---

15) フランチャイズ契約を締結しているフランチャイジーの労働者性が問題になるケースはほとんどないため,上記4類型と同じように裁判例の分析をすることができない。しかし,中途解約・契約の更新拒否についての判断部分は重要な示唆を与えうるものであることから,本稿で取り上げている。

16) 実際には,フランチャイザーは,自己が企画し実施する指示・戦略によって,フランチャイズシステム全体の売上向上を目指すことから,そのための流通上,店舗運営上の義務拘束は契約に詳細に記載されているため組織に縛られる側面もある。また,フランチャイズは各店の統一性が強みであるので,流通や事業展開において少なからず制約があるし,フランチャイジーは,フランチャイザーからの指導援助を受けて店舗経営をするので,その限りでの指示・指図はある。フランチャイズ契約については,金井高志『フランチャイズ契約裁判例の理論分析』(判例タイムズ社,2005年),小塚荘一郎『フランチャイズ契約論』(有斐閣,2006年)参照。

る」（＝継続的契約関係終了の法理）とする点に違いがある。また，【17】は，解除権行使に必要とされる信頼関係を破壊する事情と，更新拒絶に必要とされる契約を継続し難いやむを得ない事情を比較して，後者は軽度なもので足りるとしている点に特徴がある。

3 小　括

以上の裁判例の分析から，全体的な特徴として以下の点を指摘することができる。

第一に，契約形式を重視する傾向である。本来，労働者性の判断の際に，契約の形式は問わないので，請負や委任の形式で労務を供給する者も，それが実質的に雇用契約（労働契約）とみなされる場合には，労基法上の労働者である。しかしながら，委託就業外勤職型の裁判例に見られるように，契約形式や契約内容を重視して契約の法的性質を判断することにより，労働契約性を否定する傾向を見ることができる（【1】【3】【4】【5】）。

第二に，個人請負・委託就業者の就業の実態は多様であるにもかかわらず，業務の性質上，具体的な指揮監督関係が稀薄であることや，時間的・場所的拘束を受けないこと等から，労働者性を否定する傾向を見ることができる（【1】の控訴審，【2】【3】【8】【12】【14】）。

第三に，契約形式や契約内容を重視する裁判例は，契約締結過程及び履行過程における契約内容決定の非対等性（経済的従属性）をほとんど考慮していない。また，個人請負・委託就業者の多くは，一つの企業に専属して業務を遂行しており，事業運営上，恒常的に必要な労働力として事業組織に組み込まれている（組織的従属性）ケースが少なくないが，この点がほとんど考慮されていない（【10】【11】【12】【13】など）。

特に，第二及び第三の傾向は，個人請負・委託就業者の就業の実態と労働者性判断基準の乖離が大きな原因となっているように思われる。すなわち，個人請負・委託就業者の就業の実態が多様化し，業務の特殊性や労務管理の方法が変化する中で，従属性の在り方も大きく変化してきている。それにもかかわらず，裁判所は，工場労働者や定型的な業務に従事する労働者を基準に作られた

労働者性判断基準を，個人請負・委託就業者の最近の事案に機械的にあてはめて判断しており，この点に無理があると言わざるを得ない。

そこで，多様化する就業の実態や従属性の変化に応じた保護の在り方を検討すべきであると考える。個人請負・委託就業者の置かれている状況の多様性を考慮すると，労基法が有している労働者保護規定（就業保護，時間保護，賃金保護，契約保護）の適用については，従属性の内容及び程度や制度の趣旨・目的に即した保護の在り方を検討し，適用対象となる就業者の範囲も労基法が有している労働者保護に照らして考える必要がある。それにより，個人請負・委託就業者に対する具体的な指揮監督は稀薄であっても，事業運営上，恒常的に必要な労働力として事業組織に組み込まれており（事業組織的従属性），経済的に依存する関係（経済的従属性）が認められるような場合には（例えば，特殊技能型や運送請負型のケースなど），労契法の各規定（解雇権濫用に関する16条および期間の定めのある労働契約に関する17条）の適用を受けることになろう。

III 個人請負・委託就業者の中途解約及び更新拒否の規律

次に，個人請負・委託就業者の中途解約及び契約更新拒否の規律を検討する前提として，これら就業者の労契法上の労働者性について考えてみたい。

1 労契法上の「労働契約」概念

(1) 労契法上の労働者概念と労働契約概念

労契法は労働契約の定義を格別定義していない。しかし，労契法6条によれば，「労働契約」は，「労働者が使用者に使用されて労働し，使用者がこれに対して賃金を支払うこと」を合意する契約である。したがって，労契法の適用がある労働関係か否かは，そこで働く者が同法で定義された「労働者」といえるか否かで判断することになる[17]。

労契法上の「労働者」は，「使用者に使用されて労働し，賃金を支払われる

---

[17] 菅野和夫『労働法〔第9版〕』（弘文堂，2010年）95頁。

者」(2条1項) と定義づけられており，労基法9条の「労働者」(「職業の種類を問わず，事業又は事務所 (以下「事業」という。) に使用される者で，賃金を支払われる者」) と基本的に同一であるとされている[18]。厚生労働省労働基準局長「労働契約法の施行について」(平成20年1月23日基発第0123004号) によれば，労働契約の本質は，労働者が使用者の指揮命令の下で労務を行う点にある，つまり，労働契約のメルクマールも「使用従属性」ということになる。

しかし，従来の「使用従属性」基準[19]は，労働法が工場労働者や定型的な業務に従事する労働者を適用対象としているときには適切に機能したが，労務提供における裁量性の高い労働者の労働者性判断基準としては不十分である[20]。また，罰則適用に関係しない純私法的な概念である労契法上の「労働者」を，労基法上の「労働者」と同一視する必然性はない[21]。さらに，労契法が適用される対象は，「労働者」ではなく「労働契約」であるので，労働者として必要とされる「使用従属性」ではなく，「労働契約」とは何かを明らかにするべきである。

(2) 労契法上の労働契約

そもそも労働契約は，労務ないし労働それ自体を利用することを目的とするものである。そして，その目的を達成するために，労働を利用する者 (使用者) は，事業目的に従って労働者を配置し，労務ないし労働それ自体を利用する上で必要な指示を与える[22]。使用者が与える指示は，業務遂行過程における具体的な指揮監督だけではなく，業務遂行前の業務内容の説明や指示，業務完了における指示など広範囲に及ぶ[23]。

労基法上の労働者性判断基準にいう指揮監督は，使用者の直接の監督下で業

---

18) 菅野・前掲注17)書73頁，山川隆一＝野川忍編『労働契約の理論と実務』(中央経済社，2009年) 65頁以下。ただし，労基法の労働者の定義については，事業に使用されていることが加重的 (限定的) 要件とされている点は認められている。
19) 昭和60年12月19日の労働基準法研究会報告書「労働基準法の『労働者』の判断基準について」を参照。
20) 島田陽一「雇用類似の労務供給契約と労働法に関する覚書」下井隆史先生古稀記念『新現代の労働契約法理論』(信山社，2003年) 31頁。
21) 西谷敏『労働法』(日本評論社，2008年) 56頁。
22) 我妻栄『民法講義中巻2』(岩波書店，1962年) 532頁は，「労務者の労働を適宜に配置・按排し一定の目的を達成させることは，その労働を利用する者 (使用者) の権限とされ，そこに使用者の指揮命令の権限を生ずる」ことが，雇用の重要な特色だとする。

務が遂行され，その結果，「業務遂行過程における監督・指示」が重視されている。これに対して，使用者が労務ないし労働それ自体を利用する上で必要とする指示は，業務遂行の前後の段階にも及ぶ。そのため，業務遂行過程における指揮監督が希薄である（あるいは具体的な指揮監督がない）場合でも，「業務遂行前」あるいは「業務完了後」の全体から使用者の指揮監督を判断することができる。労基法上の労働者性判断基準にいう指揮監督を「狭義の指揮監督」であるとすると，使用者が労務ないし労働それ自体を利用する上で必要とする指示は「広義の指揮監督」を意味する。したがって，労契法の適用対象者は「広義の指揮監督」に服する者と考えることができる。

また，個人請負・委託就業者の就業の実態から，人的従属性が稀薄化する一方で，その労働力が事業組織の中に組み入れられることによって，組織的従属の度合いが高まっているという点が明らかになった。一般に，「事業組織への組み入れ」とは，一つの企業に専属して業務を遂行していること，事業運営に不可欠な労働力を事業組織の中に位置付けることを意味する。もっとも，労契法2条は，労基法9条の「事業要件」（「事業に使用され」）が不要とされていることから，企業への専属性や事業運営上の労働力の不可欠性まで求めるものではない。むしろ，労契法2条の「使用者に使用される」という文言から，労働契約の概念は，「使用者との関係性」が前面に出てくると考えるべきである。

以上を踏まえると，「労働契約は，労働者が使用者との関係を設定し，使用者の（広義の）指揮命令を受けて自ら労務を提供し，これに対する報酬を受ける契約」といえる。そして，労契法上の労働者か否かは，①請負契約や委任契約その他これらに類する契約に基づいて役務を提供していること（役務の提供にあたって広義の指揮命令を受けること），②その対償として報酬を得ていること

---

23) 脇田教授は，使用者の指揮命令の3つの段階，すなわち，①業務内容の指示（仕事・業務の種類，業務遂行方法，労働密度，品質の指示等），②業務遂行についての監督・指示（作業監視，時間管理，就業場所の指定，服装の指示，業務遂行方法の変更指示等），③業務完成についての検査・指示（業務遂行結果の承認・修正・補正の指示，評価等）を区別したうえで，指揮命令は，②の段階だけではなく，①と③の段階を経て全体として把握するべきであると指摘している。脇田滋「第5章　雇用・就業形態の変化と指揮命令権」『講座21世紀の労働法　第4巻　労働契約』（有斐閣，2000年）80頁以下。

(収入の大部分を特定の者との契約から得ており，それに基づいて生活していること等），ただし，③事業者ではないこと，と考える。

このように考えると，労契法上の労働者に該当する個人請負・委託就業者にも同法の各規定（16条・17条）が適用されることになる。

2 契約法の適用

以上のように，労契法上の労働者を労基法上の労働者より広くとらえたとしても，現在の裁判例の状況を考えると，労契法でも救いきれない個人請負・委託就業者が残されることになる。以下ではこの問題について契約法の観点から検討してみたい。

(1) 脱法的行為

最初に述べたように，個人請負・委託就業者をめぐる問題の根源は企業の非労働者化政策にあることから，使用者の「脱法的な」非労働者化政策を防止することが重要であると考える。ここでいう「使用者の脱法的行為」とは，企業が使用者責任を免れるために，本来雇用労働者である者を，個人請負・委託就業者として取り扱う行為である。その典型例は，もともと締結していた雇用契約（労働契約）を請負契約や委任契約に切り換える場合などであり，裁判例【11】がそれにあたる。

もちろん，使用者としての責任を回避するために契約形態を偽装したことが，契約締結過程やその内容から客観的に明らかな場合だけではない。明確な「脱法」の意図を持たずとも，自己の便宜のためにとった措置が強行規定を回避した場合にも，脱法的行為が認められるべきである。そしてその場合には，強行規定の趣旨・目的（ここでは，労契法16条と17条の規制の趣旨・目的）から，間接的にその規定に抵触する行為を「脱法的行為」として，当事者の合意（委託，請負などの契約形式を選択した合意）にかかわらず，これに対して労契法を適用すべきであると考える。

(2) 継続的契約法理[24]

もう一つは，継続的な契約関係の安定性を保護するという視点である。

個人請負・委託就業者の契約は，多くの場合，契約期間が定められている。

この場合,「合意の尊重」を貫くと,期間が満了すれば,契約は当然に終了する。しかし,継続的契約の解消には,同時に,「契約関係の安定性の保護」が要請され,就業者(労働者)の就業継続に対する期待・信頼利益を尊重することが,信義則上,労務提供者(使用者)に求められる[25]。

　(a) 中途解約の場合　例えば,フランチャイズ・中途解約事案(【17】)では,「契約継続に対する信頼は,合理的なものとして保護されねばなら(ない)」が,「当事者間に信頼関係を破壊する事情がある場合には解除できる」とした上で,結果的に,本件では,解除権を発生させる程の信頼関係を破壊する事情があったとは認められないと判断している。また,裁判例【18】は,フランチャイジーが投下した資本と唯一の収入源の保障という保護利益を考慮した上で,信頼関係の破壊を認める事実があったか否かで契約解除の効力を判断している(地裁は契約解約の効力を否定したのに対して,控訴審は肯定している)。このように,継続的契約関係の安定を保護するために,「契約期間中は,『やむを得ない事由』がない限り,契約は継続する」ことが前提となっていると解すべきである。そして,この場合の「やむを得ない事由」とは,取引関係の継続を期待し難い重大な理由であり,事情の重大性を踏まえて判断すべきである[26]。継続的契約終了の法理によれば,「委託就業外勤職型・中途解約事案」の【1】と【3】のケースは,取引関係の継続を期待し難い重大な理由があったか否かが問われることになるだろう。

　(b) 更新拒否の場合　また,契約更新拒否の場合には,自動更新条項(反対の意思表示がないかぎり契約が更新される旨の約定)があるか否かが重要なポイントになる。自動更新条項がある場合には,更新に対する期待利益が認めら

---

24)　継続的契約については,中田裕康『継続的売買の解消』(有斐閣,1994年),同『継続的取引の研究』(有斐閣,2000年)を参照。

25)　裁判例【16】は,「フランチャイジーが営業権使用許諾を得るためにフランチャイザーに支払った対価を回収しようとすることは合理的期待として保護されるべきである」としている。

26)　具体的には,著しく重大な義務違反があって以後の契約継続を全く期待できないとき(即時解約ができる),重大な義務違反ではあるが契約継続を期待できる余地が残っている場合(即時解約は無効,催告が必要),軽微な義務違反の場合(中途解約は無効)と考えるべきである。

れやすい。裁判例【16】の控訴審は，「自動更新しないで契約を終了させるには，当事者の公平の見地から判断してこれを継続し難いやむを得ざる事由が必要である」とする。また，裁判例【17】も，「契約を継続し難いやむを得ない事由」を必要とする。[27]

　これに対して，自動更新条項がない場合には，基本的に更新するか否かは当事者の自由である。しかし，取引の性質や当事者の言動などを総合的に勘案して期間の定めを解釈する余地はある。また，当事者間の関係を信義則に読み込み，柔軟な解決を図ることができると考える。具体的には，公平の原則ないし信義誠実の原則に照らして，契約の更新拒否について一定の制限を加え，継続的契約を期間満了によって解消させることについて合理的な理由を必要とするなどが考えられる。

Ⅳ　おわりに

　これまで，個人請負・委託就業者の問題は，労基法上の「労働者概念」を中心に，労働法上の理論及び制度の適用可能性について検討されてきた。しかし，個人請負・委託就業者の中途解約・契約更新拒否という契約解消の問題は，従来の議論の延長線上では必ずしも適切な問題解決には至らず，労働法的観点だけではなく，契約法的観点から検討することが必要である。このような問題意識から，典型的な労働者と自営業者との中間形態で就労する個人請負・委託就業者に対する保護の在り方を考えてみたいというのが本稿の課題であった。

　本稿において個人請負・委託就業者の就業の特徴や裁判例を分析・検討した結果，これら就業者に対する指揮監督が稀薄化する一方で，発注者に経済的に依存し，その事業目的に従って継続的に業務に従事している者や，事業組織に組み入れられて業務に従事している者の存在が明らかになった。このような個人請負・委託就業者のうち，労基法上の労働者であれば，当然に労基法及び労

---

27)　裁判例【17】が，「解除権行使に必要とされる信頼関係を破壊する事情に比較すると更新拒絶に必要とされる契約を継続し難いやむを得ない事情は軽度なもので足りる」としている点は興味深い。

契法の適用を受けることになる。

　これに対して，個人請負・委託就業者が労基法上の労働者と認められない場合にも，労契法上の労働者として同法が適用される可能性がある。労契法の労働者は労基法上のそれと同一である必要はなく，むしろ，労契法上の労働者を労基法のそれより広くとらえるべきだからである。そして，個人請負・委託就業者が労契法上の労働者といえるか否かは，労基法上の労働者性判断のように業務遂行過程における指揮監督をことさらに重視するのではなく，業務の全段階における使用者の指示（広義の指揮監督）を踏まえて判断すべきである。

　なお，委託，請負などの契約を労働契約として性質決定することによって，労契法の強行法規が適用されることになるが，任意規定については，当事者の合意に従った規律が優先的にされ，委託または請負契約の権利義務がすべて労働契約関係に転換するわけではないと思われる。

　このように労契法上の労働者を労基法上のそれより広くとらえたとしても，現在の裁判例の状況を考えると，労契法上の労働者性が認められない場合が想定される。この場合，強行規定の趣旨・目的から，間接的にその規定に抵触する使用者の行為を「脱法的行為」として，労契法を類推適用する可能性があること，また，継続的契約の終了に関する法理から，契約関係継続の期待的利益がある場合には，信義則による解決が可能であると考える。

　最後に，現在，法制審議会の民法（債権関係）部会で債権法改正についての

28）　ここでは，雇用・請負・委任など役務提供型に属する新たな典型契約を設ける考え方や，役務提供型の契約に適用される総則的な規定を設ける考え方が提案されている。提案されている「役務提供契約」によれば，雇用契約（＝労働契約）とみなされなかった役務提供契約には，（労働法の類推適用ではなく）役務提供契約の総則規定が適用されることになる。そして，この役務提供契約が，これまで労働者性が問題になっていた個人請負・委託就業者の受け皿になる可能性がある。しかし，役務提供契約の具体的範囲を明確にせずに規定内容を検討していることや，役務提供契約の中に消費者契約と労働契約が混在していることから，労働者の権利や労働条件保障に重大な影響を及ぼすことが懸念される。

　また，当初提案されていた任意解除権については，今年4月に発表された「中間取りまとめ」において，「役務提供者が弱い立場にある場合の役務受領者による優越的地位を利用した解除権濫用のおそれなどにも留意しながら，更に検討する」として，任意解除権に慎重な態度を示している。民法債権法改正については，川口美貴・古川景一「民法（債権関係）改正と労働法学の課題」季刊労働法232号（2011年）149頁以下参照。

検討が行われ,「役務提供契約」と「任意解除権」の可否などが議論されている[28]。労務供給契約の改正がどのようになされるかは予断を許さない状況にあるが,この改正が個人請負・委託就業者の権利や労働条件に重大な影響を及ぼすものであることから,今後の法制審の議論の行方を注意深く見守りたい。また,本稿では,個人請負・委託就業者の中途解約・契約更新拒否を素材に考えてきたが,労働契約上のその他の信義則上の問題については今後の検討課題としたい。

(かわだ　ともこ)

個人請負・委託就業者と労組法上の労働者概念

橋 本 陽 子

(学習院大学)

I　はじめに

　業務委託契約や運送契約という名称の契約を締結し，大規模な事業設備・資本をもたずに，委託者にほぼ専属して，自ら役務を提供する個人請負・委託就業者が，労働法の適用を求め，自らを労働者であると主張する事例は少なくない。わが国では，個別的労働法上は，かかる個人請負・委託就業者の労働者性は否定される傾向にあるが[1]，集団的労働法上の労働者性については，従来は，必ずしも否定的に解されてこなかったといってよい。例えば，労働委員会の実務において，家内労働者の組合やプロ野球選手の選手会は，労組法上の労働組合であると認められてきた。

　ところが，近年，労組法上の労働者概念を狭く捉える下級審裁判例が相次いだため[2]，最高裁の判断が注目されていたが，最高裁は，高裁判決を覆し，個人請負・委託就業者の労働者性を肯定した[3]。

　本稿は，最高裁判決によってもなお残された課題である，労組法上の労働者概念の明確化に向けた検討を行う。そのために，まず，最高裁および中労委の

---

[1]　横浜南労基署長（旭紙業）事件・最一小判平成8・11・28労判714号14頁，藤沢労基署長（大工負傷）事件・最一小判平成19・6・28労判940号11頁。

[2]　新国立劇場運営財団事件・東京高判平成21・3・25労判981号13頁，INAXメンテナンス事件・東京高判平成21・9・16労判989号12頁，ビクターサービスエンジニアリング事件・東京高判平成22・8・26労判1012号86頁。

[3]　新国立劇場運営財団事件・最三小判平成23・4・12労経速2105号8頁，INAXメンテナンス事件・最三小判平成23・4・12労経速2105号3頁。両判決の評価については，「〔特集〕新国立劇場運営財団事件・INAXメンテナンス事件」労旬1745号（2011年）所収の論稿を参照。

判断の特徴および問題点を明らかにしたうえで（下記Ⅱ），次に，労組法上の労働者概念の判断要素およびその判断方法の明確化を試みたい（下記Ⅲ）。その際，労働者の外延を画するためには，歴史的にみて，体系的に労組法と密接な関係にあると考えられる独占禁止法上の事業者概念との対比で，労組法上の労働者概念を検討してみたい。

Ⅱ 判例および中労委による労組法上の労働者性の判断要素

1 最高裁および中労委の判断の特徴
(1) 労組法上の労働者性の判断要素（メルクマール）

まず，新国立劇場運営財団事件およびINAXメンテナンス事件の最高裁判決からは，以下の労働者性の判断要素を抽出することができる。すなわち，①「会社の組織への組み入れ」，②契約内容の一方的決定，③報酬の性格，④業務諾否の自由（業務の依頼に応ずべき関係）の有無，⑤時間的・場所的および業務遂行における具体的な指揮監督である。さらに，INAXメンテナンス事件最高裁判決の最後の「なお……」以下では，当該委託就業者が独自の営業活動を行っていたという原審の判断に対して，かかる独自の営業活動を行う時間的余裕は乏しかったと述べて，これを否定している。ここからは，⑥専属性も判断要素として抽出できよう[5]。

これら①～⑥は，ソクハイ事件決定において，中労委が掲げた労働者性の判断要素に対応している。もっとも，中労委は，①の「組織への組み入れ」の下位の判断要素として，④業務諾否の自由の有無，⑤指揮監督の有無および⑥専属性を位置づけていたが，最高裁は，①～⑥を並列しているにとどまる。

---

4) 労働者性の判断にあたって考慮される諸事情は，いずれも必ず存在しなければならないものとはいえないので，以下では，かかる諸事情を「判断要素（メルクマール）」と呼ぶことにする。また，これらの「判断要素」の一部ないしすべてを総称する概念として，「判断基準」という用語を用いる。
5) 新国立劇場運営財団事件では，契約上，合唱団員に専属義務は課されておらず，実際にも，シーズン中もリサイタルやレッスンなど個人で音楽活動を行っていたことが認定されており，専属性が否定されるためか，最高裁は，この要素については言及していない。
6) 中労委決定平成22・7・7別冊中労時1395号11頁。

シンポジウムⅠ（報告③）

上記の①～⑥の判断要素の妥当性，とくに「組織への組み入れ」については，下記2で検討する。

(2) CBC管弦楽団最高裁判決[7]との異同

(1)であげた労働者性の判断要素のうち，新国立劇場運営財団事件およびINAXメンテナンス事件最高裁判決は，CBC管弦楽団事件の調査官解説[8]が，経済的従属性を示すものであって，法的（人的）従属性を示す要素ではないと述べて，否定した「契約内容の一方的決定」を明示的に指摘している点が注目される。もっとも，契約内容を一方当事者が事実上，決定している契約関係は，広く存在するので，この要素が，労働者性を画する機能をもつのかどうかは疑問である。

その他の点では，CBC管弦楽団事件において，最高裁は，合唱団員を「演奏という特殊な労務を提供する者」と述べているのに対して，新国立劇場事件では，芸術的役務の特殊性には触れず，「歌唱技能の提供の方法や歌唱すべき歌唱の内容について……合唱指揮者等の指揮を受け，稽古への参加状況については……財団の監督を受けていた」と述べている。ここからは，新国立劇場運営財団事件では，CBC管弦楽団事件よりも，指揮命令への拘束が強調されているといえる[9]。

(3) 事実関係の評価方法

最高裁は，事実関係の評価方法において，委託就業者の拘束の有無を契約書の文言のみから評価し[10]，実態として生じている拘束を契約の性質から必然的に生じる拘束であって，労働者性を基礎づける事情として認めない[11]という原審の

---

7) 最一小判昭和51・5・6民集30巻4号437頁。
8) 佐藤繁『最高裁判所判例解説民事編昭和51年度』（法曹会）205頁。
9) CBC管弦楽団事件最高裁判決では使用従属性は必要とされておらず，同判決の用いた「指揮命令の権能」とは，労働力の処分権を意味すると解する見解として，古川景一「労働組合法上の労働者——最高裁判例法理と我妻理論の再評価——」季労224号171頁以下（2009年）。
10) 新国立劇場運営財団事件およびINAXメンテナンス事件において，控訴審は，個々の仕事を引き受けない場合にも債務不履行責任を負うことはなかったことから諾否の自由の有無を否定した。
11) INAXメンテナンス事件の控訴審は，研修への参加義務やINAXのランキング制度を「業務委託契約の委託内容による制約にすぎない」と述べていた。

評価方法を明確に否定した。労働者性の評価にあたっては，契約の定めではなく，就労の実態から労働者性を基礎づける拘束の有無を評価すべきであることが確認されたことは重要である。

2 検　討
(1)　労基法上の労働者概念と労組法上の労働者概念の異同

判例および中労委決定からは，労組法上の労働者性の判断要素は，上記1(1)の①～⑥の判断要素に集約されるといってよい。まず，これらの判断要素が，労基法上の労働者概念の判断基準とどのように異なるのかを明らかにする必要があろう。

労基法の労働者概念の判断基準[12]は，「使用従属性」と総称されるものの，専属性および機械・器具の負担関係等の要素も考慮されており，比較法的にみると，広いといえる。例えば，ドイツ法における労働者の判断基準である「人的従属性」は，指揮命令への拘束と同義であって，具体的には，業務遂行過程における指揮監督の有無および時間的・場所的拘束性の判断要素に尽きているといえ，専属性や機械・器具の負担関係等は，経済的従属性を構成する要素として，人的従属性とは峻別されている[13]。

このように，労基法の労働者性の判断基準である「使用従属性」が多様な判断要素から構成されていることに照らすと，結局，労基法と労組法の労働者性の異同は，同じ判断要素を事実にあてはめる際に，労組法の方が，労基法より

---

[12]　昭和60年労働基準法研究会報告書「労働基準法の『労働者』の判断基準について」労働省労働基準局監督課編『今後の労働契約等法制のあり方について』（日本労働研究機構，1993年）50頁。

[13]　ドイツ法における労働者概念について詳しくは，柳屋孝安『現代労働法と労働者概念』信山社，(2005年)，皆川宏之「ドイツにおける被用者概念と労働契約」日本労働法学会誌102号166頁（2003年），拙稿「労働法・社会保険法の適用対象者――ドイツ法における労働契約と労働者概念――（１）～（４）完」法学協会雑誌119巻４号612頁，120巻８号1477頁，120巻10号1893頁，120巻11号2117頁（2002～2003年）。

[14]　土田教授も，同様に，労基法と労組法の労働者性の判断要素は異ならないと裁判例を分析したうえで，労基法と労組法の目的の相違から，労組法では「使用従属関係」を柔軟に解釈すべきであると述べる（土田道夫「『労働組合法上の労働者』は何のための概念か」季労228号137頁以下〔2010年〕）。

も，労働者性を肯定する方向で，緩やかに判断要素の充足が認められてきたというべきである。[14] かかる判断方法ないし労働者性の評価のあり方に相違を見出す理解は，イギリス法における被用者（employee）と労働者（worker）の相違と同じである。一人親方が，EC労働時間指令93/104号（O.J. L 307/18）の国内実施法として制定された労働時間規則における worker に該当することを肯定した Byrne Brothers v. Baird [2002] ICR 667において，雇用控訴裁判所は，「具体的な事例において（自営業者と worker の）境界線を引く場合には，雇用契約（contract of service）と請負契約（contract for service）の区別において用いられる判断要素の大半が考慮されることになるが，就労者（putative worker）に有利な方向に境界線が広がることになる。これは，例えば，委託者によって行使されるコントロールの程度，専属性および就労の典型的な期間，報酬の支払方法，就労者の有する器具・設備，引き受けられたリスクの程度等を評価する場合に意味を持つであろう」（17段，下線は筆者）と述べている。判断要素は同様であるが，その評価の仕方が異なるという判断は，わが国の労基法と労組法の労働者性の相違についてもあてはまるといえる。

(2) 「事業組織への組み入れ」の意義

このように，労基法と労組法上の労働者概念の相違は，判断要素それ自体ではなく，判断要素を充足しているか否かの評価の違いであると解するとするならば，中労委が，労基法上の労働者との異同を「事業組織への組み入れ」という基準に求めていることをどのように考えるかが問題となる。

ソクハイ事件中労委決定では，「事業組織への組込み」の下位の判断要素として，一般論では，指揮命令への拘束や専属性等の判断要素が例示されていたが，具体的な判断においては，(i)会社の業務を主に担っていたのが会社の従業員ではなく，委託就業者であったこと，(ii)営業所長による日常的な指導，(iii)研修への参加義務および(iv)会社の名前入りの用具の使用によるブランドイメージから，「事業組織への組込み」が肯定されていた。[15] そして，INAX メンテナンス事件最高裁判決では，(ii)(iii)(iv)に相当する事情は言及されず，(i)のほか，(v)担当地域の割り振り，(vi)ライセンス制度等による管理および(vii)業務日および休日の指定が挙げられていた。新国立劇場運営財団事件では，最高裁は，(viii)出演

基本契約を締結して，原則として年間シーズンのすべての公演に出演することが可能なメンバーを確保していたことを挙げている。

そこで，かかる要素が，事業組織への組込みの独自性を構成するかについて検討してみると，まず，(i)については，業務に従事している委託就業者が会社の従業員よりも多いことが労働者性の判断に意味があるとはいえないであろう。仮に，同じ業務を行う者の大半が会社の従業員であったが，一部を委託就業者に委ねていた場合に，委託就業者がいなくても会社の業務運営に支障が生じないからといって，委託就業者の労働者性が否定されることにはならないはずであるし，逆に，フリーの通訳・翻訳家のあっせん業など，自営業者への業務委託だけから成り立つ事業であることから，かかる通訳・翻訳家の労組法上の労働者性が肯定されるとも思われない。

(ii)(iii)(vi)(vii)は，具体的な指揮監督の存在および時間的拘束性を認めうる要素であり，実際，(ii)については，中労委は，同じ事情からメッセンジャーが労務供給の態様について拘束されていたことを認めており，重複した判断が行われているといえる。(viii)も，業務諾否の自由がなかったことに帰着するように思われる。これに対し，(iv)の統一的なブランドイメージおよび(v)担当地域の割り振り（テリトリー制）は検討を要する。これらの要素は，必ずしも事業者性を妨げないからである。すなわち，一般に事業者であるとされるフランチャイジーについて，統一的なブランドイメージはフランチャイズシステムの根幹であるし，担当地域の割り振りは，特約店についても認められるからである。

以上，要約すると，問題のある統一したブランドイメージの利用およびテリトリー制という要素を除けば，労組法上の労働者性の判断要素は，業務諾否の

15）「事業組織への組み入れ」について，山川教授は，「事業組織への組込みという要素は，労組法上の団体交渉による契約条件の集団的決定というシステムが対象とする組織的・集団的労務供給関係の前提をなすものであり，また，事業主が，……厳密な意味での指揮命令権そのものをもつといえなくても，労務供給者の労働力をその事業の必要に応じて利用できる態勢におくことができるという意味で，単なる経済的従属性を基礎づけるにとどまらず，労基法上の労働者に『準ずる』労務供給者と評価できるための重要な要素といえる」（山川隆一「労働者概念をめぐる覚書」月刊労委労協2010年7月号13頁）と述べているが，「労働力を事業の必要に応じて利用できる態勢におく」とは，結局，業務諾否の自由の有無や専属性の判断要素に帰着するのではないだろうか。

自由の有無，時間的・場所的拘束性，業務遂行過程における具体的指揮監督の程度，専属性，事業設備の有無，機械・器具の負担関係，報酬の性格にほぼ帰着し，これらの要素は，労基法でも労組法でも異ならないといえるのではないだろうか[16)・17)]。

比較法的にも，ドイツでは，連邦労働裁判所は，「事業所に編入されて」という言い回しを用いることはあるが，これに独自の意味はなく，編入は，人的従属性，とくに時間的拘束と同義であると解されている[18)]。

このように，筆者は，労基法と労組法において，現行の実務は，同様の判断要素に基づきつつ，その判断方法が労基法と労組法では異なっていると理解している。そして，労組法上の労働者性については，労働者性が緩やかに判断されているという点で，かかる実務を妥当と考えている。次に，労働者性の判断のよりいっそうの明確化に向けて，もう少し検討を進めてみたい。

Ⅲ 判断方法の明確化の試み

1 事業者と労働者の境界画定の必要性

(1) 労働者概念の解釈方法

労働者概念の判断基準の定立という概念形成の問題は，法解釈の方法一般の問題でもある。従来，わが国では，労基法9条と労組法3条の文言の相違はもちろんであるが，労働者概念の相対性を裏付けるために，ソクハイ事件中労委

---

16) INAX メンテナンス事件高裁判決のように厳密な指揮監督関係を要求する立場は，労組法3条の労働者性と同法7条2号の労働者性を混同しているからではないかという指摘があるが（野田進「日本における労働組合法上の労働者概念」労旬1742号49頁〔2011年〕），労組法3条は，労組法の人的適用範囲を定める規定であり，同法7条2号がこれと異なる労働者概念を観念していると解することは困難であろう。

17) 厳密には，判例において，労基法では考慮されるが，労組法では言及されていない要素として，社会保険・税法上の取扱いがある。これは，当事者の認識を示す主観的要素であり，原則として，労働者性の判断は，客観的に行われるべきなので，労基法上の労働者概念においても考慮されるべきではないといえる。

18) 拙稿「ヘンスラー／プライス教授によるドイツ労働契約法草案（2006/2007年）の検討(1)——労働契約の定義について——」日独労働法協会会報11号63頁（2010年）。

決定のように，団体交渉の助成という労組法の目的が強調されてきたといえる[19]。

かかる目的論的解釈は，もちろん法解釈の方法論の1つではあるが，法解釈においては，問題となった法律ないし規定の目的（立法者意思および法律意思）だけが考慮されるものではない[20]。法律の文言や歴史的にどのような解釈が行われてきたのか，そして他の法律との関係から体系的に解釈することも重要である。これらの伝統的な法解釈方法論に基づいて労働者概念を包括的に検討することは今後の筆者の課題であるが，本稿では，とくに，労働者概念については，個々の法律の目的の異同を強調しても，それがどのように労働者の具体的な判断基準ないし判断要素に結びつくのか，つまり，労基法と労組法の目的の相違が，具体的に，労働者性の判断要素の異同にどのように結びつくのかが不明であるので，個々の法律の目的のみを考慮する方法には限界があると考える[21]。そこで，以下では，歴史的および体系的解釈の試みとして，独禁法の事業者概念を考慮することが有用ではないかという観点から，考察してみたい。

(2) 独禁法上の事業者概念との関係

労組法の労働者の外延を考える上で，独禁法の事業者概念を考える必要があるのではないだろうか[22]。歴史的にみて，当初，カルテル禁止を定める営業の自由の諸立法によって労働運動は弾圧されたが，やがてカルテル禁止の例外として許容され，団結権が憲法上の権利として保障されるに至ったといえるからである。言い換えれば，憲法上の団結権が保障される者と営業の自由が保障される者は相互に区別され，対比される概念であるというべきである。したがって，正確には，独禁法上の事業者と憲法28条にいう「勤労者」が対比される概念であるというべきであるが，わが国の労組法は，憲法28条を具体化した法律であ

---

19) 土田・前掲注14)論文137頁以下，竹内（奥野）寿「労働組合法上の労働者性について考える―なぜ『労働契約基準アプローチ』なのか？」季労229号99頁（2009年）。
20) 法解釈の方法論については，さしあたり，笹倉秀夫『法解釈講義』東大出版会（2010年）。
21) 中労委は，労組法と労基法の労働者性の違いを「組織への組み入れ」に求めているが，この基準の独自性の乏しさについてはすでに指摘したとおりである。
22) 鎌田教授は，独禁法の事業者概念に関する制定過程の議論から，「労働者の外延は，一定の計画の下に人的物的施設に統合組織しこれによって一つの経済単位を構成する者によって限界づけられることになろう」と述べる（鎌田耕一「労働組合法上の労働者概念の歴史的形成」道幸哲也先生北海道大学退職記念論集所収〔2011年9月刊行予定〕）。

シンポジウムⅠ（報告③）

るので，原則として，労組法上の労働者と憲法28条の勤労者は同義であると解してよいであろう。

しかし，わが国において，労働協約を独禁法の適用除外と定める明文の規定はなく，実定法上の明確な根拠があるわけではない。この点について，独禁法の立法担当者によれば[23]，アメリカのような明文の適用除外規定は置かないものの，労働組合の活動は独禁法の対象外であるという理解が示されている[24]。そうであるならば，労組法上の労働者は，独禁法上の事業者と対比される概念であると整理できよう。

しかし，問題を複雑にしているのが，独禁法の特別法による規制であり，優越的地位の濫用の禁止（独禁法2条9項）に基づき，下請保護に資する規制が独禁法の枠内で行われている。とくに，下請法および同法に基づく下請ガイドラインは，個人請負・委託就業者が請負代金の不払いに直面したときに，有用性を発揮している[25]。すなわち，特別法の発展によって独禁法の事業者概念が拡大しているといえ，労組法上の労働者との重複が生じている可能性があるといえる[26]。

---

[23]「我が法制上は，わざわざクレイトン法第六條のように断らないでも，如何なる場合においても人の労働力を商品と解し，従って労働者を労働力という商品を売る商人，労働組合をその商人の同業組合と解することは絶対にない」（橋本龍伍『独占禁止法と我が国民経済』〔日本経済新聞社，1947年〕75頁），「本法が，労働組合の活動について，なんらの規定を設けていないのは，本法が，専ら事業者の事業活動を規整の対象としているためである。……労働組合は，これを本法の事業者ということはできない」（石井良三『独占禁止法──過度経済力集中排除法──』〔海口書店，1947年〕292-293頁）。

[24] 1948年に事業者団体法が廃止され，事業者団体の行為が独禁法の規制対象に取り込まれることとなったことから，労働組合が事業者団体にあたる場合には独禁法の適用が否定されないという見解もある（厚労省第4回労使関係法研究会〔2011年3月9日〕資料1-3）。

[25] 古山修・北健一『委託・請負で働く人のトラブル対処法』（東洋経済新報社，2010年）。

[26] 下請法2条4項にいう下請事業者の概念は労働者概念と抵触しているという指摘がある（大橋敏道「独占禁止法と労働法の交錯──Labour Exemption の日米比較」福岡大学法学論叢48巻1号12頁〔2003年〕）。最近の学説では，「消費者，被用者は事業者に当たらない」と述べる見解もあるが（根岸哲編『注釈独占禁止法』〔有斐閣，2009年〕9頁），「一律に労働者を事業者から除外することは……容易とはいえ」ず，「労働組合の行為が独禁法に違反しないのは，労働者や労働組合が事業者にあたらないからではなく労働関係法令に準拠した行為であるために正当化されるからだ」と述べる見解（白石忠志『独占禁止法〔第2版〕』〔有斐閣，2009年〕120頁）もある。

わが国では，これまで，労組法上の労働者性と独禁法上の事業者性との関係が明確に整理されてこなかったために，個人請負・委託就業者の労組法上の労働者性が肯定される場合，下請法の適用がどうなるのかについて，十分な議論が行われてきたとは言い難い。労働法の歴史的な発展からは，労組法上の労働者性と独禁法の事業者性は両立しないように思われるが，この点について，比較法的見地から，もう少し検討を行いたい。

(3) EU法

ヨーロッパでは，欧州司法裁判所の判例により，団体交渉の枠内で締結された労働協約が競争の自由（EU運営条約101条）の例外であることが確立している。先例であるアルバーニー（Albany）事件先決裁定は，「条約の諸規定を合理的かつ相互に関連付けて解釈すれば，その全体において，社会的パートナー間の団体交渉の枠内において，団体交渉の目的のために締結された協定は，その性質および対象から，条約85条１項（現EU運営条約104条）の適用を受けない[27]」と述べた。アルバーニー事件では，オランダの繊維産業に適用される老齢年金の強制加入を定める産別協約は，競争の自由原則に反しないことが肯定された。

EU運営条約が対象とする「事業（者）(undertaking/Unternehmen)」は，「組織体の法的地位および資金調達方法にかかわらず，経済活動に従事するすべての組織体[28]」であると解されているが，アルバーニー事件先決裁定は，労働者，使用者または労働組合がundertakingにあたるのかどうかについては論じていない。しかし，アルバーニー事件法務官意見において，ジェイコブズ（Jacobs）法務官は，「従属労働は，まさにその本質から経済的ないし商業的活動の独立的行使の対極に位置づけられる。労働者は，通常，所与の取引の直接的な商業上のリスクを引き受けるものではない。労働者は，使用者の命令に従っている。労働者は，役務を複数の顧客に提供するのではなく，単独の使用者のために労働を行っている。このような理由から，労働者と役務を提供する事業（者）との間には，重要な機能的相違が存在する。この違いは，共同体法およ

---

27) Albany, Case C-67/96 [1999] ECR I-5751, para. 60.
28) Höfner and Elser, Case C-41/90 [1991] ECR I-1979, para. 21.

び国内法の様々な分野における法的地位の区別に反映されている」（法務官意見215段）と述べて，労働者は事業（者）と対比されるべきであると論じている[29]。

2 労組法上の労働者概念の明確化の試み

わが国では，ヨーロッパと異なり，独禁法上の事業者概念と労組法上の労働者概念が明確に区別されているとは言い難いが，労働組合が独禁法のカルテル禁止の例外として歴史的に認められてきた歴史に照らせば，両者は明確に区別されるべきである。したがって，労組法上の労働者の外延を考えるにあたっては，独禁法上の事業者概念と区別される概念であることを念頭に置くことが必要であろう。事業者と対比して，労働者の範囲を画するという視点を明確にしたとき，労働者の判断要素の意味がより明確になるように思われる。これは，ドイツのヴァンク（Wank）教授の見解[30]に従うものである。

ヴァンク教授は，生業活動には2つのモデル，すなわち労働者と自営業者（事業者）が存在すると述べたうえで，労働者と自営業者を区別する基準を「事業者のリスクの自発的な引き受け」であると主張した。かかる判断基準（上位概念）の下に，伝統的な労働者の判断要素も正しく評価することができると述べた。すなわち，ヴァンク教授は，「事業者のリスクの自発的な引き受け」を構成する判断要素として，①自己の事業組織を有していないこと，②市場で取引をしていないことおよび③チャンスとリスクが適正に配分されていないことという3つの基準をあげたうえで，さらに，これらの下位の判断要素（メルクマール）として，(i)自己の労働者を雇用していないこと，(ii)自己の事業設備を有していないこと，(iii)自己の事業資本を有していないこと，(iv)事実上の専属性，(v)場所的拘束，(vi)時間的拘束，(vii)指示への拘束，(viii)独自の顧客を有していないこと，(ix)自由に価格を決定できないことをあげ，労働者か否かは，(i)～(ix)の判断要素の総合判断であるが，事業者と対比することにより，かかる総合判断を

---

[29] これに対し，ジェイコブズ法務官は，労働組合は，完全に undertaking の概念から排除されるわけではなく，労働組合が，単に構成員の利益を代表するだけではなく，独自の利益を追求する場合には，undertaking に該当することもありうることを述べている（法務官意見218～227段）。

[30] *Wank,* Arbeitnehmer und Selbständige, 1988.

適切に行うことができると述べた。[31]

わが国の労組法上の労働者概念の判断においても，事業者と対比することにより，適切な総合判断を行うことができるといえるのではないだろうか。[32]

Ⅳ　む　す　び

本稿では，労組法上の労働者概念について検討を行い，事業者概念と対比することによって，判例および中労委が示した判断要素を正しく評価することができるのではないかと述べた。それらの判断要素を総称する上位の判断基準をどう名づけるのかについては今後の課題としたいが，ヴァンク教授の「事業者のリスクの自発的引き受け」という判断基準は受け入れやすいといえよう。

ドイツにおいて，ヴァンク教授の見解を採用する妨げとなったものは，労働者と事業者の中間概念として位置づけられる「労働者類似の者」という概念が実定法上確立していたことであった。[33] すなわち，ヴァンク教授の見解は，従来，経済的従属性に含まれてきた判断要素を労働者の判断要素に加えるものであり，労働者類似の者と労働者の区別が曖昧になってしまうため，広く受け入れられるには至っていない。

これに対し，わが国には，労働者類似の者という中間概念が存在しておらず，労組法上の労働者概念は労基法よりも広く解されていることが，ドイツ法との重要な相違であろう。かかる相違に照らせば，わが国では，事業者との対比で労働者を判断することにより，緩やかに労組法上の労働者性を認めることが可

---

31) これらの要素は，*Wank, Ibid.* および Bundesministerium für Arbeit und Sozialordnung, Empirische Befunde zur „Schein-Selbständigkeit", 1996から抽出した。なお，「交渉力の不均等」という判断基準の下に使用従属性の諸要素を補充的判断基準として整理する西谷教授の見解は，ヴァンク教授と同様のアプローチであるといえよう（西谷敏「労組法上の『労働者』の判断基準」労旬1734号35頁以下〔2010年〕）。

32) 同様に，「独立事業者でない者」という観点を重視する見解として，川口美貴「労働組合法上の労働者と理論的課題」労委労協649号17頁以下（2010年）。ただし，川口教授は，指揮監督の程度等，使用従属性の判断要素を労組法上の労働者性の判断要素とすることを明確に否定する。

33) 労働者類似の者には，一部の労働法規が適用される。主な法律としては，労働裁判所法，労働協約法および一般均等待遇法がある。

シンポジウムⅠ（報告③）

能であるといえるのではないだろうか。[34]

（はしもと　ようこ）

---

34) なお，筆者は，近年，ヨーロッパでは，広い統一的な労働者概念を志向していることに照らし（例えば，Danosa事件〔Case C-232/09〔2010〕ECR I-未登載〕において，欧州司法裁判所は，株式会社の単独業務執行社員を母性保護指令92/85号にいう労働者であると認めた），労基法上の労働者を狭く解釈する現在の判断方法も見直す余地はあるのではないかと考えている。この点については，別稿で改めて論じたい。

コメント

中 窪 裕 也

(一橋大学)

1　川田報告は個別的な関係を扱うが，契約の解約・更新拒否に焦点を当てた点にポイントがある。従来，労基法上の労働者であれば判例による労働契約法理が適用されると解されていたが，後者は労基法の規制と不可分ではなく，より広い可能性がある。川田報告は，裁判例の批判的検討を踏まえ，第1に，契約保護の対象となる労働者については，具体的な指揮監督よりも，事業組織への組み込みによる恒常的な関係を重視すべきだとし，労契法上の労働者を，労基法上の労働者よりも広く解釈することを提唱する。第2に，労契法の対象外となる就業者についても，一般的な契約法理による保護を模索し，脱法的行為と継続的契約関係という2つのツールを示した上で，債権法改正の動向とその影響について検討を行っている。

　発想として素直で理解しやすいが，第1点については，労契法の立法に際し，労基法と同じ労働者概念との説明がなされていることとの整合性が問題となろう。また，労契法自体，16条は権利濫用にとどまるし，雇止め法理はその類推適用にすぎず，あえて同法を介する必要があるのか疑問が残る。第2点では，脱法的行為について，形式を整えて非労働者化することを非難できるかは問題であり（実態が欠けている場合や，労働者の同意に瑕疵がある場合ならともかく），また，継続的契約関係についても，信義則による制約が労働者保護の延長上に生じるのか，それとも別異の理念によるものかを，詰めておく必要があろう。

2　橋本報告は集団的な関係を対象とするが，第1に，労組法上の労働者というホットなテーマについて，最高裁のCBC管弦楽団事件，INAXメンテナンス事件，中労委のソクハイ事件を取り上げ，事業組織への組み入れ，契約内

シンポジウム I

容の一方的決定等の要素について分析を行った上で，結局のところ，考慮される要素は労基法でも労組法でも異ならず，ただ，評価の仕方が異なるにすぎないと指摘する。第 2 に，判断方法を明確化するために，独禁法の事業者との対比で労働者の範囲を画することを提唱し，「事業者のリスクの自発的な引き受け」の有無を基本としながら，一定の基準とメルクマールを示す。

　第 1 点については，かなり共感する部分がある。実際，INAX メンテナンス事件の 1 審判決は，枠組みとしては労基法的な「法的な従属関係」を用いつつ，労働者性を肯定した。これに対して 2 審は，同じ枠組みから逆の結論を導いており，具体的な考慮の仕方こそが問題といえる。しかし，他方で，それではあまりに漠然としすぎるとの懸念もある。労組法上の労働者をめぐる今回の経緯は，従来の議論が，労基法上のそれよりも広いという点では多くが一致するものの，積極的な定義が十分ではなかったことを露呈した。中労委のソクハイ事件は，かかる状況を前に，団体交渉の必要性と適切性という労組法独自の観点から諸要素を再構成する試みであり（山川隆一「労働者概念をめぐる覚書」月刊労委労協 2010 年 7 月号を参照），最高裁の判決にも影響を与えたように思われる。

　第 2 点については，これにより本当に労働者の概念が明確化されるのか，疑問を禁じえない。ただ，アメリカでも最近，伝統的な支配権の基準に代えて，事業者性（企業家的な機会）を重視する動きがあり，FedEx 社の配達業務を請け負うトラック運転手について，これを独立かつ主要な要素として労働者性を否定した連邦控訴裁判所の判断が議論を呼んでいる。事業者性の有無については，ソクハイ事件でも基本の 3 要素とは別個に位置づけられており，事業者性の意味をさらに掘り下げる必要があろう。

　3　両報告に共通する問題として，労働法を超えた世界の探求という課題が浮かび上がる。そこにおいては，一方では，消費者利益のための解約自由の追求や，協同行為に対する独禁法の規制など，労働法の理念とは異質の要素が存在する。しかし他方で，下請法による弱者保護や，中小企業等協同組合法による団体協約など，労働法とむしろ親和的な要素もある。フランチャイズ法などの立法構想も含めて，労働者とはいえない個人請負・委託就業者の実態に即し

た適正な法理を形成することが，労働法にも有益なフィードバックをもたらすことになろう。

　もう1つ，労組法上の労働者に関していえば，明らかに労働者というべき就業者に対して下級審が次々に否定的な判断を下した。最高裁がこれを是正したのは適切であるが，司法の場で労働法的な感覚が共有されないことを認識し，より説得的な理論枠組みを用意する必要がある。不当労働行為に関しては，中労委による法理形成が鍵を握っている。ソクハイ事件は，かかる試みとして評価に値するが，他方で，問題の発端となった新国立劇場事件の中労委命令は，労働者性の判断を3条と7条2号の2段階で行ったかのような表現をとり，以後の混乱の一因となったように思われる。

　　　　　　　　　　　　　　　　　　　　　（なかくぼ　ひろや）

《シンポジウムⅡ》
障害者差別禁止法の理論的課題
―― 合理的配慮，障害の概念，規制システム ――

シンポジウムの趣旨と総括　　　　　　　　　　　　　山川　隆一・中川　　純

障害者差別禁止法の法的性質と現実的機能　　　　　　　　　　　中川　　純
　　――救済と実効性確保の観点から――

障害者差別禁止法における差別禁止事由および保護対象者　　　畑井　清隆

障害者差別禁止法における差別概念　　　　　　　　　　　　　長谷川珠子
　　――合理的配慮の位置付け――

《シンポジウムⅡ》

シンポジウムの趣旨と総括

山　川　隆　一
(慶應義塾大学)

中　川　　　純
(北星学園大学)

Ⅰ　シンポジウムの趣旨

　2006年に国連の障害者権利条約 (Convention on the Rights of Persons with Disabilities) が採択された。2011年3月までに99か国が批准し，147か国が署名している。わが国も同条約に署名しており，批准のために障害者差別禁止法制の整備が緊急の要請となっている。それを受けて，内閣府は，条約批准のために，2013年までに障害者差別禁止法の制定を明言している。障害者基本法が主に政府や市町村などを名宛人として障害者の権利の保障を規定しようとしているのに対し，障害者差別禁止法は，私人間における，障害に基づく差別を禁止するものと考えられる。

　障害者差別禁止法では「合理的配慮」という，従来の差別禁止法が想定しない新たなコンセプトが導入される予定である。「合理的配慮」は，主として使用者に対し，障害を有する労働者，求職者に特別な労働条件，適切な就業環境の提供を求めるものである。また，わが国で給付・保護政策の対象となる障害者よりも広い範囲に適用されるものである。たとえば，私傷病労働者に対する病気休業制度の適用および延長，精神疾患に罹患している労働者に対する就業開始時間の変更，静粛な就労環境の提供およびソファーの設置，内臓疾患に罹患している労働者に対する夜間シフトから昼間シフトへの変更などである。しかし，わが国において障害者差別の禁止や障害者に対する合理的配慮などの理

シンポジウムⅡ（報告①）

念・概念は，まだ一般的に理解されているわけではない。これらを定着に導くためには，日本における問題状況をふまえつつ，障害者差別禁止法の理論的課題の解明を行う必要がある。

以上のような背景にもとづき，本ミニ・シンポでは，障害者差別禁止法を制定した国の嚆矢であるアメリカ合衆国の状況を参考にして，①合理的配慮の要求は，差別禁止法の中で，また他の障害者法制との関係でどのように位置づけられるのか，②差別禁止事由としての「障害」（この用語については，報告グループで検討の結果，現在法令上用いられている表記によることとした）の概念や保護対象者の範囲はいかなるものか，③障害者差別禁止法は差別につきどのようなアプローチをとるものとして性格づけられ，どのように実効性確保が図られるべきかを検討することを試みた。

Ⅱ　報告の概要

本シンポジウムでは，中川純会員から，現在障害者差別禁止法を検討する意義についての簡単な説明があったのち，長谷川珠子会員の第1報告「障害者差別禁止法における差別概念——合理的配慮の位置付け」が行われた。

長谷川報告は，アメリカ合衆国における雇用差別禁止法全体の概要と，その中での「障害を持つアメリカ人法（Americans with Disabilities Act：ADA）」の特徴を紹介したうえ，同法において禁止されている雇用差別の具体的内容を明らかにし，進んで，障害者雇用差別禁止法において「合理的配慮」が使用者に求められることにつき，障害者と非障害者を同一に取り扱うことが前者に大きな不利益をもたらすことに着目し，異なる取扱いをすることが平等な取扱いに当たることから，「合理的配慮」の要求が根拠づけられるとの見解を示した。そのうえで，日本では，障害者雇用促進法の雇用率制度と障害者差別禁止法を適切な役割分担のもとに併存させるべきであるとの提言がなされた。

次に，第2報告として，畑井清隆会員の「障害者差別禁止法における保護対象者および障害の定義の意義」では，アメリカのADAをめぐる問題状況を参考に，障害者差別禁止法における保護対象者につき，障害を有する者に限らず

すべての個人を対象とすべきであること，また，障害の定義についても広汎なものと考えるべきであり，機能障害と定義する場合でも，軽微な機能障害も含まれることとし，認識に基づく障害についても差別禁止の対象とすることが求められることなどを提言した。

第3報告である中川純会員の「障害者差別禁止法の法的性質と現実的機能：救済と実効性確保の観点から」では，障害者差別禁止法の位置づけに関して，ADAを参考にしながら，厳格な人権保障モデルは必ずしも妥当しないが，雇用政策モデルを強調することもできないとした。次いで，日本において差別禁止法を制定する場合には，司法救済の判断基準を厳格なものとするとともに，行政による指導や紛争解決サービスを含めた実効性の確保が重要であるとの視点を示したうえ，現在の諸制度のもとでは合理的配慮の実現という観点からは不十分な面があるため，アメリカにおけるメディエーションのような新たな手法を検討すべきであると提言している。

III 議論の概要

1 合理的配慮及び他の制度との関係

まず，長谷川報告が取り上げた合理的配慮については，浅倉むつ子会員（早稲田大学）から，その促進のために補助金制度の導入を提案できないかとの質問がなされ，長谷川会員からは，雇用率制度のもとでの納付金を財源に財政的支援を行うことも考えられるとの回答がなされた。浅倉会員からは，合理的配慮を求める制度の中での補助金の検討も求められるのではないかと指摘があった。また，森原琴恵会員（連合）からは，合理的配慮をしないことが差別とされた場合に，障害者雇用促進法の雇用率は上げるべきかとの質問がなされたが，長谷川会員からは，制度の役割分担の観点からは，雇用率制度の対象者が本来の趣旨に即して限定されれば雇用率を下げることも考えられるとの回答が示された。

さらに，廣田久美子会員（宮崎産業経営大）から，雇用率制度の対象者と差別禁止の対象者の範囲は異なりうることを確認したうえで，後者における職務遂

シンポジウムⅡ（報告①）

行能力の認定をどのように行うのかとの質問がなされ，長谷川会員から，個々の事案により職務遂行能力が認定されるとの回答があった．中川会員からは，採用段階では職務遂行能力は認定が難しい面もあるとの補足がなされ，司会（山川）からも，配慮の要求と使用者の職務上の要求との間で interactive process がとられるのではないかとの補足があった．

瀧澤仁唱会員（桃山学院大）からは，障害者が配置換えの後に元の職場への復帰が問題になった際，その職種が外注に出されていた場合にはアメリカ法ではどう扱われるかにつき質問があったが，長谷川会員からは，アメリカ法では，合理的配慮として配置転換が求められるのは空席がある場合に限られているとの理解が示された．瀧澤会員からのもう一つの質問は，いわゆる特例子会社制度は障害者の排除に当たるのではないかというものであり，長谷川会員が，そのような整理もありうるが，制度を今後どう考えるかは別に，障害者権利条約上は積極的措置として位置づけられるとの見解を述べたのに対し，瀧澤会員からはそうした解釈への異論が示された．

加えて，三柴丈典会員（近畿大）からは，障害が業務起因性を有する場合につき，合理的配慮の要請を最低基準として，それ以上の規律も考えられるのではないか，職務遂行能力が100パーセントでない労働者についても，使用者による障害の認識や配慮の実施可能性を前提に，健康配慮義務の対象になりうるのではないかとの質問がなされ，長谷川会員からは，前者の質問については今後検討したいとし，後者については，合理的配慮と健康配慮義務は必ずしも同じ次元のものとしては扱われないと考える旨の回答がなされた．

以上の他に，田口晶子会員（中央労働災害防止協会）から，行政で行われている障害者の求人開拓などの就職促進措置につき，知的障害などについてのアメリカの雇用差別禁止法の適用状況をふまえて，今後変化がありうるのかとの質問があり，長谷川会員からは，そうした対応は障害者の権利条約における積極的措置の一環として，現在も将来も重要な意義を持つと考えるとの回答があった．アメリカの状況に関しては，中川会員から，知的障害者の救済事例が報告されているものの，全体像は明らかでないとの指摘があった．また，森戸英幸会員（上智大）から，合理的「配慮」という用語につき，ニュアンスの弱さを

指摘する質問がなされたが，報告者全員から，従前は合理的「便宜」などの表現を用いており，公式訳との関係で便宜的に採用した表現である等の説明がなされた。

2　知的障害・精神障害への対応

原昌登会員（成蹊大学）から，知的障害については，差別禁止の要件として職務能力が前提となると実際上差別禁止の対象となりにくいのではないか，また，障害の種類により障害者間の差別が問題にならないかとの質問があった。長谷川会員は，知的障害も合理的配慮等の差別禁止の対象となりうるとし，たとえば，作業の方法などにつき別個の説明をするなどの例があると回答したほか，障害者間の差別については，そのとらえ方も含め今後検討したいと述べた。

廣石忠司会員（専修大学）からも，本人に病識がない統合失調症などの精神障害の場合はどのような配慮が求められるのかとの質問があり，中川会員からは，interactive process という観点から，労働者からいかなる配慮が必要かを示すことが求められるため，それが欠けるとされるおそれはあり，服薬管理を行うことは，実務上又はプライバシーの観点から難しい面があるとの回答，長谷川会員からは，使用者が同僚従業員との間で対応を検討したり教育したりすることも考えられるとの回答がなされた。

さらに，所浩代会員（北海道大学）から，夜勤ができない不安障害の看護師の事例を示しつつ，どのような観点から差別禁止ないし保護の対象となるのかという質問がなされた。長谷川会員からは，精神障害についても雇用率制度の対象とすべきものと考えられる一方，差別禁止という観点から，日勤のみがある職場で能力要件がみたされることもありえ，また，夜勤免除という合理的配慮もありうる（過度の負担の問題は別論となる）との回答が示された。

3　障害の定義及び保護対象者

畑井報告については，浅倉会員から，①外貌も障害に当たるか，②障害であるとの「認識」による差別も禁止されるべきか，③障害者の親に対する子が障害を持つことを理由とする差別など，関係者による差別も禁止されるべきかと

の質問があり，畑井会員から，①醜状などの外貌は障害に当たるが，髪の色はこれに該当しない，②機能障害を広くとらえれば認識による差別もかなりの範囲で禁止されうる，③は肯定されるべきであるとの見解が示された。浅倉会員からは，①及び②につき，イギリス等におけるようなハラスメントとしての把握を含め，機能障害がなくとも差別禁止の対象とすることを検討すべきではないかとの指摘がなされた。

また，中野麻美会員（弁護士）からは，「障害者差別禁止法」ではなく「障害差別禁止法」という呼び名が適切ではないかという質問がなされた。この点に関しては，司会から，ミニシンポジウムとしては従来から多く用いられている表現で統一したとの説明を行った後，畑井会員から，上記の関係者差別の禁止による保護を受けうるとの観点からも「障害差別禁止法」という呼び名がふさわしいことになるとの回答があった。

さらに，所会員からは，認識による障害差別に対応するために，アメリカ法では健康情報の取得規制という手続的手法がとられていることも考慮してはどうかという質問がなされた。この点につき畑井会員からは，今後の課題としたいとの回答がなされた。

4　障害者差別禁止法の位置づけ・実効性確保

中川報告に対しては，実効性確保の問題に関連して，浅倉会員から，①人権救済法案との関連をどう考えるか，②採用差別に対する救済手段としての採用強制をどう考えるか，③メディエーションを機能させるためには，雇用機会均等法上の調停などとは異なる仕組みが必要ではないか，といった質問がなされた。これに対して中川会員からは，①については今後検討したいとの回答がなされ，②については，アメリカでも使用者の裁量の関係で採用差別への対応は難しいとされていること，③については，日本でもメディエーションを導入することは難しくないが，担当できる人材が少なく，その養成が課題となることが指摘された。浅倉会員からは，②については，立法論上はより一般的な問題として救済方法を検討すべきではないかという指摘がなされた。

また，三柴会員から，①個別労働紛争解決促進法のもとで障害者に係る事案

の取扱い実績はどうなっているか，②障害者差別事件における ADR においては，健康情報が必要となることとの関係で医師の関与の必要性はないか，③契約を直律的に規律する手法は考えられないかとの質問がなされ，中川会員からは，①については情報が得られていないが，②及び③については肯定的に考えられるとの意見が示された。

　実効性確保の問題については，内藤忍会員（労働政策研究・研修機構）からも，日本の行政 ADR との対比で，アメリカの EEOC での障害者差別事件におけるメディエーションではどのような工夫がなされているかとの質問がなされた。中川会員は，アメリカにおいては，メディエーションの結果が法違反となってはならないとされる反面，メディエーターにはメディエーションのトレーニングを受けた者が就任しており，調停を機能させるためのスキルが重視されている旨回答した。

　他方，障害者差別禁止法の位置づけに関しては，富永晃一会員（信州大学）から中川会員に対し，この分野での審査基準が緩やかになっていることは，人権保障アプローチか雇用政策アプローチかという分析軸よりは，比較対象者の差異の大きさという問題の性質が反映されたものではないかとの質問があった。この点については，中川会員は，他の差別事由や行為類型との比較の必要もあり，今後の課題として検討したいとの意向を示した。

IV　ま と め

　本シンポジウムでは，近い将来制定が考えられる雇用上の障害者差別禁止法につき，①合理的配慮をしないことという新たな差別類型を導入する場合，その位置づけや現行の雇用率制度との関係などをどう考えるか，②障害という新たな差別禁止事由が設けられるに当たり，その定義や保護対象者をどう考えるか，③新たな内容をもつ差別禁止法を導入する場合には，救済の基準や実効性確保の手法にも新たな視点が必要ではないか，といった論点につき報告がなされ，充実した議論が行われた。これらの論点が今後の立法に当たって重要であることについてはおおむね共通の理解が得られたといえよう。

シンポジウムⅡ（報告①）

　労働法学会におけるミニシンポジウムであるため，検討対象は労働法分野が中心であったうえ，時間の関係から，比較法としてはアメリカ法が中心となり，さらに，現時点においての立法政策上の基礎的な論点に焦点を当てざるを得なかった。今後は，社会保障法など他の分野も含めた総合的な検討を，アメリカ法以外の外国法も参考にしつつ，より具体的な立法論として展開していくことが望まれると思われる。

　＊　本稿は，Ⅰについては主に中川が，ⅡないしⅣについては山川が執筆した。

（やまかわ　りゅういち）
（なかがわ　じゅん）

障害者差別禁止法の法的性質と現実的機能
——救済と実効性確保の観点から——

中 川　　純
（北星学園大学）

I　はじめに

　本稿は，我が国で構想される障害者差別禁止法が，労働法制全体の中でどのようなアプローチをとるものとして性格づけられるのか，またそれを踏まえてどのように実施されるべきかを考えることを目的とする。諸外国の障害者差別禁止法は，司法救済と ADR（裁判外紛争処理）による救済の両方を認めているが，性質が違うことからこれらを分けて検討することとしたい。

II　障害者差別禁止法制における司法救済とその実効性の確保

1　分析手法

　まず，障害者差別禁止法の司法救済が，どう位置づけられるものかをあきらかにする。これを人権保障モデルと雇用政策モデルという分析指標を用いて試みたい。人権保障モデルは，我が国における差別禁止または機会の平等の法の目的，担保されるべき効力，救済方法などについて，①ある特性に基づき別異取扱をされない利益を保障することを個人の高次の利益として保護すること，②その効果として，契約内容，使用者の方針を強行的に無効にすること，また個別契約により差別禁止条項を適用除外にすることを認めないこと，③被差別者の個人的利益の侵害の救済を通常裁判所がおこなうこと，④または多額の損害賠償が請求されることから，企業への影響力が大きいこと，⑥別異取扱をされない利益は，人種，肌の色，性別を理由とする意図的な差別を前提としてお

シンポジウムⅡ（報告②）

り，厳格な基準により審査されること，を想定している。一方，雇用政策モデルは，人権保障モデルを厳格さの観点から適用基準を緩和した規制のあり方とする。緩和されるほど雇用政策的な度合いが高いと考えることとする[1]。

厳格な人権保障モデルを一方の極，もっとも緩やかな雇用政策モデルを対極とし，アメリカにおける障害者差別禁止法の司法救済，我が国でイメージされる障害者差別禁止法の司法救済像，我が国で実現されうる障害者差別禁止法の司法救済像の位置づけを考えてみたい。

2　障害者差別禁止法の司法救済の審査基準と法的性質

(1)　アメリカにおける障害者差別禁止法の審査基準(1)：直接差別

アメリカの障害を有するアメリカ人法（以下，ADA）は，障害者差別を禁止しており，司法救済を認めている。ADAで禁止される障害者差別は，障害を理由とする嫌悪，同情，偏見に基づき不利益取扱をおこなうこと（直接差別），差別意図がない労働条件や就業環境などが特定の特性を有する個人，たとえば障害者に差別的な効果を与えること（間接差別），および差別意図の有無を問わず合理的配慮を提供しないこと（合理的配慮の不履行）に分けることができる。

障害者に対する直接差別の審査基準はそれほど高度の要求ではないようである。公民権法に関する訴訟において，出身国，性別，宗教，年齢に関して差別とされる行為が正当かつ差別的でないというためには，差別的取扱が「真正なる職業適格（*Bona Fide* Occupational Qualification, 以下BFOQ）」であることが求められることがある。BFOQについて，合衆国最高裁は，①業務運営そのものの本質的要素であり，②合理的に必要であるという2要件を満たすことを求めている。極めて狭い例外であることを述べており，非常に高いレベルの要請でない限り，差別禁止法を適用除外にすることはできないとしている[2]。しかし，

---

1) 人権保障モデルと雇用政策モデルの分類は，K. Sugeno, "Discrimination in Employment : Dynamism and the Limits of Harmonization in Law," R. Blanpan ed., *Discrimination in Employment, XV World Congress of Labour Law and Social Security* (1998) at 5, 櫻庭涼子『年齢差別禁止の法理』（信山社，2008年）4-5頁により先駆的におこなわれている。本研究で使用するモデルは，上記とは若干内容が異なるものであり，我が国における障害者差別禁止法の法的性質の分析のために用意された便宜的な基準である。

ADA はこの非常に厳格な要件の適用を求めているわけではない。

(2) アメリカにおける障害者差別禁止法の審査基準(2)：合理的配慮

次に，合理的配慮の司法救済の審査基準も，BFOQ や差別意図の事案で求められるような，高度な要求とは異なる。実際の事案において，合理的配慮は，障害者が雇用の機会の保障や維持のために必要な措置をすべて使用者に義務付けているわけではない。第1に，過度な負担は高度の要求であるとはいえない。高次の権利の保障を，例外なく，厳格に求めるというよりは，障害を有する労働者と企業や他の労働者との均衡性を前提に，個別企業が可能かつ現実的な範囲内でいかに障害者を他の労働者と平等に取り扱うことができるかを考慮している[3]。

第2に，合理的配慮について労働者と使用者の双方に協議義務（Interactive process）を課していることである。使用者は，労働者の病気や怪我が外観からわからないことがあり，またその対処方法についてもわからない。したがって，配慮を必要とする労働者が使用者にそれを要請しなければならない。労働者が自らの症状や必要な配慮について伝えない場合には使用者が合理的配慮を講ずる必要がなくなる。その一方で使用者が労働者の要請に誠実に対応しなければ差別となる可能性がある[4]。我が国の安全配慮義務のように，一方的に重大な義務を使用者に課すものではない。

(3) アメリカにおける障害者差別禁止法の下での司法審査の法的性質とその特徴

上記の司法救済の審査基準や方法をみる限り，企業の方針や経済的能力とのバランスを考慮しており，相対的にみて緩和された審査基準を採用しているといえよう。さらに，合理的配慮に必要なコストの限界が企業規模に応じて大き

---

2) 中窪裕也『アメリカ労働法』（弘文堂，1996年）191頁。
3) Rehabilitation Act の過度な負担の要件については，中川純「障害者に対する雇用上の『便宜的措置義務』とその制約法理――アメリカ・カナダの比較研究(5)」北海学園大学法学研究43巻2号（2007年）57頁，87-95頁を参照のこと。
4) この協議義務は，制定法上の義務ではないが，ガイドラインや判例においては認められている。See, 29 C.F.R. s.s. 1630.2(o)(3) (2003), and *Reed* v. *LePage Bakeries, Inc.*, 244 F. 3d 254 (1st Cir. 2001), *Shapiro* v. *Township of Lakewood*, 292 F. 3d 256 (3d Cir. 2002).

さが異なることなど障害者個人の権利の実現とは関係のない部分での配慮もみられる。これは，厳格な人権保障的アプローチが想定しないものであるといえる。障害を理由とする差別禁止は，その他の事由に基づく差別禁止に比べて雇用政策的な色彩が強いといえるだろう。

しかし，雇用政策的な側面を強調することも障害者差別禁止法の理解を誤らせる可能性がある。他の差別禁止事由と比べて高度とはいえない，障害者差別禁止法の司法救済の審査基準は，障害特有の性質に基づき機会の平等に配慮した結果であるといえるからである。合理的配慮が可能であり，それに対し使用者が就労を実現することを約束しなければならない（つまり過度な負担という制約なく就労の実現まで合理的配慮を講じなければならない）とすれば，障害を有しているという理由だけでその個人は，彼または彼女が望むいかなる仕事にも就くことができることになるからである。障害者と健常者に対する平等への配慮が，障害という差別禁止事由の審査基準を結果的に緩和させるが，これを単純に雇用政策的であると性質づけることも適切ではないだろう。[5]

(4) 我が国における差別訴訟および「合理的配慮」的措置の司法救済の現状とその性質

日本において想定されうる司法救済の審査基準が，アメリカ法に比べてどのように位置づけられるのかを考えてみたい。

我が国では，私人間において障害を理由とする差別を禁止する法的根拠がないが，労働契約上「合理的配慮」的な措置が解雇回避措置の一環として求められてきた。実際，私傷病休業後の軽作業への配置転換の一部の事案において，裁判所は軽作業，その他業務への配置転換義務を課している。解雇回避における「合理的配慮」的措置事案と，アメリカの合理的配慮の事件とでは考慮される要因が類似しているところがある。しかし，横浜市学校保健会（歯科衛生士）事件において東京高裁が述べているように[6]，現状ではこのような「合理的配慮」的措置について高度なレベルの負担を使用者に求めることが適切でないと

---

5) 障害者差別の立証における要件の一部は，公民権法第Ⅶ編の"業務上の必要性（business necessity）"よりも厳格に解釈されることもあることからもそういえるだろう。

6) 横浜市学校保健会（歯科衛生士）事件・東京高判平17・1・19労判890号58頁，63頁。

している。したがって，司法救済の審査基準は相対的にみれば低いものであるといえる。

　性差別などの事例をみれば，障害者差別禁止法が制定された場合に採りうる救済の方法として，不法行為に基づく損害賠償請求または公序良俗に違反する行為の無効確認が主として想定できる。性差別などに基づく不法行為の審査基準を応用する場合，我が国における障害者差別禁止法の審査基準は，人権保障モデルや障害者差別禁止法の審査基準から比べて，緩やかなものになるといえる。それは，性差別などの事案の審査基準は，使用者に広い合理性を認めるものとなっているからである。その根拠として，第1に労働条件，採用，昇進，配置などについて基準設定の裁量が使用者に広く認められていること，第2に差別となるためには使用者の裁量が逸脱していることが求められるが，裁量の逸脱の程度が小さい場合，使用者の経済的利益と合致する場合には差別とされないことが挙げられる。

3　不法行為に基づく審査基準の問題点と期待される司法救済の審査基準

　アメリカの例から，我が国でも直接的または間接的に問題になりうることが予想されるものとして，いくつかのことが指摘できるだろう。障害者差別の事案では，第1に動機の競合が発生しやすいことである[7]。第2に差別意図が存在しないが，特定の障害を有する個人に差別的効果を与える労働条件，雇用慣行，就業環境などが問題となりうることである。第3に労働者の病気や障害，それらが就業に与える影響について使用者が正確に把握できない場合があることである。第4に，合理的配慮にかかる使用者の負担が大きいほど，障害を有する労働者への特別扱いの程度が大きくなることが通常想定され，障害者と非障害者の間の平等取扱の要請からはずれてしまうことがあることである。

　我が国の司法救済においてもこれらに対応するものであることが期待される

---

[7]　動機の競合は，障害者差別の領域において発生しやすいといえる。障害が身体的・精神的機能を制約することから就業能力が十分でないこと，また障害による外観の違いが顧客の嗜好と合わず，売り上げなどが下がってしまうことから，障害者への不利益取扱が使用者の利益追求の合理性にかなうもので，障害者を差別する意図ではないと主張されうるからである。

が，現行の法理を前提とする限りそれは簡単ではない。不法行為においては，第1に性差別の審査基準を応用する限り，使用者の裁量を尊重する可能性があることから，動機の競合の問題に十分対応できない。第2に雇用差別事件において間接差別が不法行為を成立させると判断されたことがなく，それに対する対応が可能かが不明である。つまり，間接差別に対する合理的配慮が認められず，その法的根拠が不安定になる可能性がある。第3に，安全配慮義務では使用者に対し労働者への安全と健康に配慮する義務を負わせているが，病状や障害について判断しえない使用者に一方的に，重い負担を負わせることになることである。第4に，不法行為などに基づく合理性の審査が，合理的配慮を講ずる使用者の義務の内容，程度の限界を量ることを想定していないことである。

上記に対応して障害者差別禁止の法理の要請に応じるためには，不法行為よりも高度な審査基準を採用する必要がある。そして，不法行為に関する民法の規定とは別に，独自の要件を法律に規定することが望ましい。それが難しい場合には，裁判所が適切な判断枠組みを示すことも考えられる[8]。

Ⅲ　障害者差別禁止法制における ADR とその実効性の確保

障害者差別禁止法が施行される場合，その法規範が企業社会に浸透する手段を講じること，またその規範を目的にそったかたちでエンフォースすることが求められる。諸外国の差別禁止法は，差別を禁止し，それに対し司法救済を認めると同時に，裁判外での紛争解決と法規範の浸透と教育を図る ADR を用意している。我が国において想定される ADR がどの程度効率的なものかを，紛争が，より早く，より低いコストで，より満足度の高い方法で解決できるかと

---

8) たとえば，第1に直接差別および間接差別の禁止とその根拠を示すこと，第2に，直接差別，合理的配慮に事案における立証責任，内容，立証責任の移動について示すこと，第3に，直接差別の場合には差別意図が競合する場合であっても，差別意図の推定や社会的利益の観点から障害者差別を構成しうる余地を残す審査基準を示すこと，第4に，合理的配慮が要請される場合において，過度な負担で考慮される要因，それを満たす要件について示すこと，第5に，合理的配慮が要請される場合において，障害を有する労働者と使用者の協議義務における義務の配分を示すこと，が必要であろう。

いう基準に基づき検証する。また，我が国のエンフォースメントの方法をより効果的に実現できる方法についても考えることとする。

1 アメリカにおけるADRによる紛争解決と法規範の浸透

アメリカにおいては，法規範の浸透や差別フリーな職場の構築するために大きく分けて2つの方法がとられている。第1に，連邦雇用機会均等委員会（以下，EEOC）などの行政機関は，差別禁止法を周知するための教育機能，個別紛争に関する相談機能などの方法によって規範の浸透やエンフォースメントをおこなっている。第2に，雇用差別の申立を受理し，調査する過程においてなされている[9]。以下，雇用差別の申立の過程における法規範の浸透の方法とエンフォースメントについてみていくこととする[10]。

雇用差別の申立は，EEOCが受理することとなっており，紛争の解決が図られることとなる。申立が有効である場合，調査がおこなわれる。この申立プロセスにおける調査は，差別の存在を確認するためのものであり，労働委員会の命令のように公的な義務付けをおこなうものではない。差別の存在がEEOCにより認められた場合には，コンシリエーションがおこなわれる。それが不調におわったときにはEEOCまたは申立人が原告となり訴訟が提起されることとなる。

調査においては，調査官が労働者・使用者の主張やその他の情報を収集する。多くの事案が，調査官の調査の過程で，お互いの申出により解決される。調査官は調査の過程で差別の存在を認定しないが，事実の確認の過程でADAの趣旨説明，裁判になった場合の金銭的負担などを考慮し，使用者などがインフ

---

9) See, http://www.eeoc.gov/employees/charge.cfm.
10) 本研究の調査にあたり，U.S. EEOC Los Angels District OfficeのDistrict DirectorであるOlophius E. Perry氏，Deputy District DirectorであるRosa Viramontes氏，Regional AttorneyであるAnna Y. Park氏，ADR CoordinatorであるCherry-Marie B. Destura氏，Program Analyst-Public Relations担当のChristine Park-Gonzalez氏，そしてState of California, Department of Fair Employment & HousingのDirectorであるPhyllis W. Chang氏にインタビュー，資料の提供などご協力をいただいた。また，今回のインタビューについては，Loyola Law School, Los AngelsのAssociate Dean & ProfessorであるMichael Waterstone氏にご協力をいただいた。感謝を申し上げる次第である。

ォーマルなかたちでの紛争解決を求める。このプロセスにおいて，調査官は，使用者に対し，差別禁止法への理解を求める。

　行政による紛争解決制度によって多くの差別紛争事案が解決している。カリフォルニア州の公正雇用・住宅省の行政救済手続きにおいては，障害者差別には限定されないが，有効な申立のうち80％（2010年会計年度）が行政救済により解決が図られている。[11]

2　我が国の行政指導，行政による紛争解決サービスとその障害者差別禁止法制への応用

　我が国にも行政による法規範の浸透，紛争解決のしくみがある。男女雇用機会均等法（以下，均等法）は，そのような手段として行政指導や個別相談，またそれに加えて行政による紛争解決援助サービスにより法規範の浸透，および紛争解決を図る方法を整備している。[12]

　第1に行政指導は，法違反が疑われる特定の問題について，企業，事業などに都道府県の労働局雇用均等室の職員が赴き，助言，指導，勧告をおこなうものである。目的は，法制度への理解を高めること，コンプライアンスを求めることである。現行制度では，行政指導に従わない場合には，最終的に企業名の公表がなされる。[13]

　第2に行政による紛争解決サービスは，労働局長によるものと調停制度によるものがある。労働局長によるものは，雇用均等室職員が均等法違反，セクハラのなどの問題について双方から事実の聴取をし，双方の意見を尊重しつつ，問題解決に必要な具体策の提示（助言，指導，勧告）により，紛争の解決を図るものである。調停制度によるものは，弁護士，大学教授などの公平，中立な第

---

11) Phyllis Chang 氏にいただいた資料による。ADA Title Iに関する EEOC のデータについては，http://www.eeoc.gov/eeoc/statistics/enforcement/ada-charges.cfm を参照のこと。
12) http://www.mhlw.go.jp/general/seido/koyou/woman/dl/data01.pdf#search='労働局均等法 紛争解決援助' を参照のこと。また，均等法による紛争解決援助の実情に関しては，北海道労働局雇用均等室に話をうかがった。
13) 現在のところ一例も報告されていないようである。

三者が，当事者の意見を聴取し，調停案を提示し，受諾勧告をおこなうものである。これらのサービスは，法違反やセクハラの認定をするものではなく，あくまでも紛争を解決するためのものであり，また調停案や受諾勧告に当事者を拘束する力はない。また，法違反やセクハラの存在が確認されなくとも解決にいたる場合がある。解決には，解決金を伴うことがある。

3　差別禁止法制における ADR の効果の比較：合理的配慮を中心として

　都道府県労働局雇用均等室による行政指導および紛争解決援助サービスの制度を，障害者差別禁止法に応用することは運用上難しくないと考える。また，これらの制度は，アメリカの差別禁止法制が担う機能と類似する部分を有しており，一定の効果が期待できる。

　しかし，障害者差別に関連して，雇用均等室による行政指導や紛争解決制度の問題点を2つ指摘できる。第1に，行政指導や紛争解決サービスが，障害者差別の中心となる合理的配慮に対応できないかもしれないことである。合理的配慮の事案では，差別行為を確認することや解決金の決定だけでは不十分であり，障害を有する労働者に適切な合理的配慮が講じられることが約束されてはじめて紛争が解決することとなる。現状でこれに対応できるかが不明である。第2に，差別問題は，使用者が自らの過ちや差別を受けた労働者の心情を理解し，自主的に雇用慣行，労働条件，就労環境を変更することによりもっとも効率的に解消される。特に合理的配慮についてはそれが重視される。しかし，雇用均等室による行政指導や紛争解決サービスは，自発的な解決を促進する機能が弱く，また調停サービスにおいては紛争を法的問題に切り分ける方法によっているようである。したがって，使用者に気付きを与えるよりも，相対的にみれば行政が先導的するかたちで規範の浸透や紛争の解決がなされることが想定される。

4　障害者差別禁止法におけるメディエーションの可能性

　労働局雇用均等室による行政指導や紛争解決サービスの経験を活かしつつ，上記の関心に基づき，より効率的に障害者差別の問題を解消する方法としてメ

ディエーションの導入がある。アメリカにおける障害者差別に関するメディエーションは，紛争を，調査プロセスに比べても，①より早く，②より低いコストで（労働者にとっては無料で，使用者にとっては裁判よりも金銭的負担が少なく），③より満足度の高い解決方法で，解決に導くことを可能にしている。

ADAメディエーションは，EEOCに申立がなされたときに，事案の性質から，直接調査にふすよりも，メディエーションにふしたほうがいいと考えられる場合におこなわれる。EEOCのメディエーターまたは外部のメディエーターが担当する。メディエーションとは，中立な第三者が紛争関係にある当事者の解決を促進，援助することをいい，裁判や仲裁のように紛争の解決を当事者に強制するものではない[14]。メディエーターは，障害者差別の事案においてはADAの趣旨を説明するが，基本的に紛争を評価，判定することをせず，話し合いにより当事者の満足のいく合意を導き，解決をめざす（ただし，ADAに違反する合意を認めない）[15]。使用者は，メディエーションの過程で制度の理解と労働者の状況を知ることにより，強制ではなく自主的に自らの態度や方針を変えることができ，将来の雇用政策へ反映させることができる。

実際，メディエーションによって多く事案が解決されている。EEOCの2010年会計年度においては，概算でEEOCに対する有効な申立の約6割についてメディエーションに付されていると考えられる。メディエーションによる解決率は，2010年会計年度で73.4％となっている[16]。

メディエーションによる紛争解決までの日数は短いようである。紛争解決の日数については，EEOCにおけるメディエーション（差別禁止事由の限定なし）では，2010年会計年度の平均解決日数は100日となっている。解決案については解決金を伴うことが多いが，EEOCにおけるメディエーションの12％（2010年会計年度）が解決金を伴わず解決にいたっている[17]。

---

14) メディエーションの基本的な方法論については，J. Chicanot & G. Sloan, *The Practice of Mediation : Exploring Attitude, Process and Skills*, (ADR Education, 2003)，レビン小林久子『調停への誘い』（日本加除出版，2004年）を参照のこと。
15) この点については，司法省の依頼によりADA第Ⅱ編，Ⅲ編に関してメディエーションをおこなうKey Bridge Foundationでも同様の手続きが採用されている。
16) See, http://www.eeoc.gov/eeoc/mediation/mediation_stats.cfm.

メディエーションによる解決案の満足度は非常に高い。2000年の調査によれば，メディエーションのプロセスにおける解決案は現実的なものであったという点についてはメディエーションを受けた申立人の75％，被申立人の76％がそう判断している。また，申立人の91％，被申立人の96％が次回も同様の申立があった場合にメディエーションを受けたいとしている。[18]

EEOC のメディエーションは，効果的におこなわれていると考えられる。メディエーションの効果は，EEOC，カリフォルニア州の公正雇用・住宅省などの行政機関だけでなく，多くの論者も同意しているところであるといえる。[19] メディエーションは，合理的配慮が問題となる事案では誤解を取り去り，当事者にとって都合のよい手段を採ることが望ましいが，それを実践することができると考えられる。[20]

Ⅳ　お わ り に

まとめとして，以下のことを指摘したい。第１に，我が国における障害者差別禁止法は，司法救済の根拠となりうる禁止規定にすべきである。我が国でイメージされる障害者差別禁止法像のひとつに，企業社会への影響力の大きさから，努力義務にとどめるというかたちがありうる。この考え方は，BFOQ のような厳格な基準に基づき司法救済がなされることにより使用者にもたらされる経済的な負担などを懸念していると思われる。しかし，この考えは，アメリ

---

17) See, http://www.eeoc.gov/eeoc/mediation/mediation_stats.cfm.
18) See, E. Patrick McDermott, "An Evaluation of the Equal Employment Opportunity Commission Mediation Program," EEOC Order No. 9/0900/7632/2 (Sep. 2000), http://www.eeoc.gov/eeoc/mediation/report/index.html.
19) カリフォルニア州では，その効用により2010年会計年度によりメディエーションが採用されるにいたっている。また，EEOC の大幅な改編を提唱する Modesitt もメディエーションの効果そのものは肯定している。N. M. Modesitt, "Reinventing the EEOC," 63 SMU L. Rev. 1237 (2010) at 1249.
20) 合理的配慮の事案においてメディエーションの効果を肯定しつつも，メディエーションの方法論やメディエーターの限界を指摘するものとして，S. D. Harris, "Disabilities Accommodation, Transaction Costs, and Mediation : Evidence from the EEOC's Mediation Program," 13 Harv. Negotiation L. Rev. 1 (2008), がある。

カ法の現実からみれば障害者差別禁止法の効果を過大に評価しすぎているといえよう。一方，現実的に我が国における性差別の審査基準を障害者差別禁止法に応用することが考えられるが，それでは障害者差別禁止の法益を実現するには不十分であることが指摘できる。より厳格な司法救済の審査基準が必要であるといえる。

　第2に，行政指導のみによって法規範の浸透とエンフォースメントを図る方法も考えられるが，それだけでは差別禁止の目的，特に合理的配慮の適正な履行を実現することが難しいと考えられる。これについては，労働局雇用均等室によるADRの適用を認めることによって，規範の浸透，紛争解決に促進することができよう。雇用均等室による行政指導および紛争解決サービスを障害者差別禁止法にも応用することは，一定程度効果があると考えられる。ただ，より効率的に紛争の解決，法規範の浸透をおこなうには，アメリカで高く評価されているメディエーションを組み込むことが必要であると考える。

（なかがわ　じゅん）

障害者差別禁止法における
差別禁止事由および保護対象者

畑 井 清 隆

(志學館大学)

I　はじめに

　わが国では，現在，国連の障害者権利条約の批准のための準備が進められており，同条約が障害を理由とする差別（以下，障害差別ともいう）の禁止を締約国に要請しているため，障害者差別禁止法の整備が課題となっている。

　わが国の現行法である障害者基本法については，現在，改正法案が国会に提出されており，改正案では，障害差別禁止条項は，以下のように文言は現行法と同一であるが，条文の位置が4条1項に移され，条文見出しが基本的理念から差別の禁止へと変更されている。

　　「何人も，障害者に対して，障害を理由として，差別することその他の権利利益を侵害する行為をしてはならない。」

　この条項に基づいて訴訟が提起される場合には，差別禁止事由として，雇用機会均等法の性別のようなすべての個人を包摂する用語が使用されずに，その範囲が明確とはいえない障害という用語が使用されているため，たとえば，障害とは何か，あるいは障害のある子の非障害の親は保護対象者として救済を受けることができるのかといった問題が提起されうる。しかしながら，わが国においては，これらの問題についての議論は十分には行われてこなかった。

　本稿においては，障害者差別禁止法を早期に導入し多くの経験を重ねてきたアメリカ合衆国の法制度を参考として，わが国における障害者差別禁止法，特に，雇用における障害者差別禁止法の差別禁止事由である障害の定義および障

シンポジウムⅡ（報告③）

害差別からの保護対象者の定義の意義および定式化に関する示唆を得ることを目的とする。

Ⅱ　ADAにおける差別禁止事由および保護対象者

1　ADAにおける差別禁止事由

(1)　ADAの障害に関する3種類の定義

1990年に障害を持つアメリカ人法（Americans with Disabilities Act of 1990, 以下、ADAという）を制定したアメリカ合衆国においては、2008年に同法の改正が行われ、改正法は2009年1月1日より施行されている。改正法は、障害の定義を限定解釈することにより障害差別からの保護対象者（protected class）の範囲を縮減した連邦最高裁判所による一連の判決を否定し、ADAの制定に際して連邦議会により想定されていた広範な保護対象者の範囲を回復することにより、ADAの目的を遂行するためのものであった。改正法により、差別禁止事由（prohibited ground）である障害に関する新たな定義や解釈基準が創設され、また差別禁止条項が修正されている。さらに、改正を受けて、雇用における障害差別を禁止するADA第1編に関する施行規則が、同編を施行する連邦行政機関である雇用機会均等委員会（Equal Employment Opportunity Commission, 以下、EEOCという）により2011年に改正され、同規則は、同年5月24日から施行されている。

1）　本稿の執筆に際し、各地の研究会、第121回大会のシンポジウムで報告の機会を与えて頂き、またその際に貴重なコメント等を頂いた多くの方々、山川隆一教授、中川純教授に対して、感謝の意を表します。
2）　Pub. L. No. 101-336, 104 Stat. 327.
3）　ADA Amendments Act of 2008, Pub. L. No. 110-325. ADAの2008年改正については、永野秀雄「「障害のあるアメリカ人法」の改正と再生」労旬1692号（2009年）38頁、川島聡「2008年ADA改正法の意義と日本への示唆――障害の社会モデルを手がかりに――」海外社会保障研究166号（2009年）4頁、長谷川珠子「差別禁止法における「障害」（disability）の定義――障害をもつアメリカ人法（ADA）の2008年改正を参考に――」季労225号（2009年）40頁。
4）　Regulations to Implement the Equal Employment Provisions of the Americans with Disabilities Act, as amended, 76 Federal Register 58, 16978.

ここで，ADAにおける差別禁止事由である障害の定義を確認しておこう。ADAにおける障害は，次のように定義されている（3条(1)）[5]（以下，各号の障害を順に，現実の障害，記録に基づく障害，認識に基づく障害という）。

「「障害（disability）」とは，個人について，次の各号をいう。

(A) その個人の主要な生活活動の1つまたはそれ以上を実質的に制限する身体的または精神的機能障害（impairment），

(B) そのような機能障害の記録（a record），または，

(C) そのような機能障害を持つとみなされていること（being regarded as）」

障害の定義に含まれる機能障害という用語については，EEOCの施行規則において定義されており，身体的機能障害と精神的機能障害から構成される。身体的機能障害とは，神経系，筋骨格系，特殊感覚器官系，発声器官を含む呼吸器系，心臓血管系，生殖器系，消化器系，泌尿生殖器系，血液およびリンパ系，皮膚，ならびに内分泌系をはじめとする身体組織に関係するすべての生理学的変調（disorder）もしくは状態（condition），外貌の醜状，または解剖学上の欠損である。一方，精神的機能障害とは，知的障害，器質性脳症候群，情緒もしくは精神疾患，および特定の学習障害をはじめとするすべての精神的または心理学的変調である[6]。なお，これらの機能障害の定義は，例示である[7]。老人性難聴，骨粗鬆症，関節炎，高血圧症，糖尿病，喘息，がん，肝硬変，HIV感染，てんかん，躁鬱障害，統合失調症などが機能障害の例として挙げられており[8]，機能障害には疾病が含まれる。このように，ADAの機能障害の定義は，広範な範囲を有するものといえる。

(2) 障害の範囲が限定されるべきではない理由

障害者差別禁止法においては，差別禁止事由として，人種や性別のようなすべての個人を包摂する用語を使用せずに，障害という用語を用いたうえでその範囲を限定的に把握すべきであるとの考え方がある。その論拠として，たとえ

---

5) 42 U.S.C. §12102(1).
6) 29 C.F.R. §1630.2(h)(1), (2).
7) 29 C.F.R. part 1630, app. §1630.2(h).
8) 29 C.F.R. part 1630, app. §1630.2(h)-(j).

ば，次のような理由が挙げられている。障害の範囲を限定しない場合においては，第1に，訴訟が濫用される，第2に，軽微な機能障害に対する合理的配慮の供与により資源配分が不適切なものとなるといった理由である。[9]

しかしながら，次のような理由から，障害の範囲は限定されるべきであるとの考え方は適切とはいえない。第1に，障害の程度が軽度である場合，使用者との自主的な話合いにより合理的配慮が行われることが多いことが予想されるなど，紛争が生じる蓋然性も比較的低いと予想される。第2に，障害の程度が軽度である場合，合理的配慮の費用は少額であるのに対して，合理的配慮の効果はその費用に比べて大きいことが予想されるため，必ずしも，軽度の障害に対する合理的配慮の供与が資源配分上不適切であるとはいえないという理由である。さらに，第3に，障害の程度がそれより軽度であれば不利益取扱いを受けないという明確な境界は存在しないと考えられるため，差別禁止事由としての障害の範囲を画定することは困難である。第4に，障害の程度が軽度の場合であっても，偏見やステレオタイプ等に起因する使用者からの差別を受ける蓋然性が高いといった理由も挙げられる。

(3) 障害者差別禁止法における差別禁止事由

ADAの（現実の）障害とは「主要な生活活動を実質的に制限する機能障害」であると定義されているが，連邦最高裁判所は，一連の判決において，障害の定義に含まれる「実質的に制限する（substantially limits）」という文言を限定的に解釈して保護対象者の範囲を縮減した。これらの判決を否定するために，2008年改正により，「実質的に制限する」の文言に関して，「この法律の障害の定義は，この法律の条項により許容される最大限の範囲で，この法律のもとでの広範な適用範囲を有する個人に有利に解釈されなければならない。」（3条(4)(A)）[10]との障害の定義に関する解釈基準が創設されている。このような規定が設けられた目的は，事件の争点を，個人の機能障害が主要な生活活動を実質的に制限しているかから，使用者が義務を遵守しているか，および差別は行なわれたかへと変更させるためであった。[11]

---

9) 29 C.F.R. part 1630, app. §1630.2(1).
10) 42 U.S.C. §12102(4)(A).

差別禁止法は，ある特徴（障害等）を持つ，あるいは持っていると誤認された個人はその特徴に対する偏見やステレオタイプ等により社会において不利益取扱いを含む障壁に直面する蓋然性が高いとの認識に基づいて，そのような差別を誘発させやすい特徴を差別禁止事由とし，この差別禁止事由に基づく不利益取扱いその他の行為を禁止するものと考えることができる。障害の程度がそれより軽度であれば不利益取扱いを受けないという明確な境界は存在しないと考えられるため，差別禁止事由としての障害の範囲を画定することは困難であり，軽度の障害であっても不利益取扱いを受けうるものと考えるべきである。したがって，軽度の障害に起因する不利益取扱いが違法であるか否かが，審査されるべきなのである。[12]

　以上の検討からは，障害者差別禁止法の差別禁止事由として，理論上は，機能障害の有無または程度にかかわらず，公民権法第7編の人種や性別と同様に，すべての個人を包摂しうる用語，たとえば，健康状態といった用語を使用することが望ましい。ADAのように，障害の認定に際して機能障害が生活活動を制限する程度を評価することは，差別禁止法においては，訴訟の前提問題としては要求すべきではない。ただし，特定の健康状態に対する偏見やステレオタイプ等に起因する不利益取扱いが違法か否かの審査に際しては活動制限の程度をも考慮すべきであろう。他の選択肢としては，障害の程度を問わないこと，もしくは軽微なものを含むことを明示することを前提として，機能障害という用語も候補となりうる。

（4）　ADAの認識に基づく障害の定義

　2008年改正により創設された認識に基づく障害の定義の認定要件（3条(3)）により，障害には該当しない機能障害を持っている個人，あるいは機能障害さえも持っていない個人，すなわちすべての個人がADAの保護対象者であることが明確になっている。当該認定要件によれば，機能障害を理由とする，ある

---

11)　29 C.F.R. §1630.2(j)(1)(iii).
12)　差別禁止法により禁止されるべき不利益取扱いには，たとえば，障害に対する偏見やステレオタイプ等により，個人の職務能力が実際の職務能力に比べて過小評価されるといった点で不当な不利益取扱いが含まれる。

いは機能障害を持っているとの（誤った）認識に基づく，ADAのもとで禁止された差別を受けたことを原告が証明した場合には，認識に基づく障害の定義の要件が充たされるのである（3条(3)(A)）。ただし，認識に基づく障害の定義は，機能障害が一時的かつ軽微な場合には適用されない。一時的な機能障害とは，現実のもしくは予想される継続期間が6月以下の機能障害をいう（3条(3)(B)）[13]。一時的かつ軽微な機能障害としては，かぜやインフルエンザ等が想定されている。ADAのもとで禁止された差別を受けたことの証拠は，差別の違法性を証明するに際して関連性を有する証拠となる。最終的に，差別の違法性は，認識された機能障害が一時的かつ軽微であることなどの差別の訴えに対する抗弁が証明されるか否かにかかっている）[14]。

　ADAの認識に基づく障害の定義は，「障害についての根拠のない懸念，誤った信念，恐れ，神話，あるいは偏見は，現実の機能障害と同じように，障害となるものである」との連邦議会の理解および「そのような認識に基づく差別を禁止したいとの連邦議会の希望」を表明することが意図されたものであった[15]。

　以上からは，認識に基づく障害の定義は，機能障害に起因する不当な社会的障壁に直面している個人は，現実の機能障害を有するか否かにかかわらず，障害差別から保護されるべきとの考え方に基づいて定式化された定義であり，機能障害に起因する使用者の偏見やステレオタイプ等により個人が解雇等の不利益取扱いその他の社会的障壁により社会生活における参加制約を受けている状況を指し示しており，このような状況にあるすべての個人を差別からの保護対象者とすることを表明した定義であることがわかる[16]。

　ただし，ADAの認識に基づく障害の定義により禁止される差別は，たとえば，機械の近くで生産業務に従事する狭心症の個人が急に意識を失って本人や他人を危険に曝すのではないかとの懸念から行われる解雇などをも含むもので

---

13) 42 U.S.C. §12102(3)(A), (B).
14) 29 C.F.R. part 1630, app. §1630.2(l).
15) Id.
16) 認識に基づく障害の定義は，現実の障害または記録に基づく障害の定義によっては障害者としての資格がないけれども，雇用において障害に基づく不利益取扱いを受けてきた個人のための多様な状況に対応できる定義（catch-all）であることが想定されている。Arlene B. Mayerson, *Restoring Regard for the "Regarded as" Prong : Giving Effect to Congressional Intent*, 42 VILL. L. REV. 587, 609 (1997).

あり、このような差別は、他の差別禁止法である公民権法第7編によって想定されている差別と異なるものではない。

また、第7編のもとでは、宗教を理由とする差別が禁止されているが、宗教的信念を欠いている無神論者も、宗教差別からの保護を受けることができる。[18]
同様に、障害者差別禁止法においては、現実の障害を持っていない個人も、障害差別からの保護を受けることができるのであり、差別禁止事由として必ずしも認識に基づく障害の定義を設ける必要はないといえる。

2 ADAにおける保護対象者

障害差別からの保護対象者の範囲に関する議論には、対立する2つの説がある。すなわち、①保護対象者は障害のある人に限定すべきとする説と[19]、②すべての個人を保護対象者とすべきとする説[20]である。アメリカ合衆国においては、障害の定義を限定的に解釈することにより保護対象者の範囲を縮減した連邦最高裁判所が①の説、一方、連邦議会は②の説を採用している。連邦議会は、2008年改正により、ADAが②の説に基づくものであることを明らかにしている。そのような改正の例として、たとえば、次の2点を挙げることができる。

第1に、差別禁止条項の総則規定の改正である。障害を持つ適格性を有する個人に対する当該個人の障害を理由とする差別ではなく、適格性を有する個人に対する障害に基づく差別を、禁止すべき差別としている（102条(a)）。[21]この改正は、原告は特徴（障害）を持っているか否かではなく、差別は特徴に基づく

---

17) 29 C.F.R. part 1630, app. §1630.2(1).
18) MACK A. PLAYER, FEDERAL LAW OF EMPLOYMENT DISCRIMINATION, 210-11 (6th ed., West, 2009). 他方、2008年改正後のADAは、非障害の個人による障害の欠如を理由とする差別の訴えを認めていない（501条(g)）。42 U.S.C. §12201(g).
19) Samuel R. Bagenstos, *Subordination, Stigma, and "Disability"*, 86 VA. L. REV. 397 (2000).
20) Robert L. Burgdorf Jr., *"Substantially Limited" Protection from Disability Discrimination: The Special Treatment Model and Misconstructions of the Definition of Disability*, 42 VILL. L. REV. 409 (1997), Chai R. Feldblum, *Definition of Disability under Federal Anti-Discrimination Law: What Happened? Why? and What Can We Do About It?*, 21 BERKELEY J. EMP. & LAB. L. 91 (2000).
21) 42 U.S.C. §12112(a).

ものであったか否かを争点とすることによりADAを公民権法第7編その他の公民権法の構造に適合したものとするためのものである[22]。この改正により，差別禁止条項の総則規定は，親族等の関係者の障害を理由とする非障害の職務適格性を有する個人に対する不利益取扱いを禁止するADA制定当初からの規定（102条(b)(4)）[23]に適合するものとなっている。

第2に，認識に基づく障害の定義の認定要件（3条(3)）の創設である。上述のとおり，個人が機能障害さえも持っていない場合でも，持っているとの（誤った）認識に基づく違法な差別を受けたことを証明した場合には，認識に基づく障害の要件を充たすことになるのである。

また，EEOCの解釈指針によれば，ADAの記録に基づく障害および認識に基づく障害を持つ保護対象者の範囲には，現実の機能障害を持っていない個人も包摂されている。記録に基づく障害を持つ個人としては，がんが寛解状態にある個人，および学習障害や知的障害と誤って診断された個人[24]，他方，認識に基づく障害を持つ個人としては，客観的には一時的で軽微な腕の傷がHIV感染の症状ではないかとの誤解から解雇された個人[25]などが，それぞれ想定されているのである。

以上のように，ADAにおいては，障害者と親族関係等にある非障害の個人に対する差別や，障害があるとの誤った認識に基づく現実の障害のない個人に対する差別も禁止されているなど，非障害の個人をも含むすべての個人が障害差別からの保護対象者とされているのである。このことは，わが国における立法論においても参考に値する。

一般に，保護対象者とは差別禁止法による保護から利益を得る者であると考えられており[26]，現実の障害等の現実の差別禁止事由を有さない個人も保護対象者の範囲から原則として除外されないものと理解すべきである。保護対象者すなわち現実の差別禁止事由を持つ個人とは必ずしもいえないのである[27]。

---

22) 29 C.F.R. part 1630, app. §1630.4.
23) 42 U.S.C. §12112(b)(4).
24) 29 C.F.R. part 1630, app. §1630.2(k).
25) 29 C.F.R. part 1630, app. §1630.2(l).
26) Bryan A. Garner et al ed., Black's Law Dictionary 266 (8th ed., West, 2004).

III 差別禁止事由と保護対象者の定式化に関する検討

1 保護対象者の範囲

(1) 日常生活における相当な制限

次に，障害者基本法改正案を検討の素材として，わが国の障害者差別禁止法における差別禁止事由である障害および保護対象者である障害者に関する定式化に向けての検討を行う。

改正案は，「何人も，障害者に対して，障害を理由として，差別することその他の権利利益を侵害する行為をしてはならない。」との規定（4条1項）を置いており，障害者に対する障害差別を禁止している。他方，改正案における障害とは，「身体障害，知的障害，精神障害その他の心身の機能の障害」であり（以下，機能障害という），障害者とは，単に機能障害のある者ではなく，「障害及び社会的障壁により継続的に日常生活又は社会生活に相当な制限を受ける状態にある」機能障害のある者である（2条1号）。このような定式化を採用する場合，2条1号の障害者が保護対象者とされるため，障害差別事件において，たとえば，原告は機能障害により日常生活における相当な活動制限を受けているか否かが問題となりうる。

しかしながら，ADAの2008年改正が示唆するように，障害差別事件における主要な争点は，違法な差別行為が行われたか否かとされるべきであり，原告が差別禁止事由を有しているか否かという問題が争点とされるべきではない。そのためには，保護対象者の定義は包摂的なものとして定義すべきであり，「相当な制限」といった障害者の範囲を限定する用語を使用すべきではない。

(2) 社会生活における相当な制限

改正案のような障害者の定義が設けられた場合，機能障害に対する使用者の偏見やステレオタイプ等により，原告は「社会的障壁により継続的に……社会生活に相当な制限を受ける状態にある」か否かが争点となり，障害差別訴訟の

---

27) ADAの障害に関する3種類の定義は，差別禁止事由を持つ個人と保護対象者の範囲が一致することを明確にしたものといえる。

原告に対して，社会生活における参加制約を受けていることを証明する責任が課されうる。

しかしながら，このような証明を訴訟の前提要件として要求すべきではない。なぜならば，障害者を社会生活において相当な参加制約を受けている機能障害のある者とする改正案のような保護対象者の定式化は，ADAと同様に，根拠のない使用者の懸念あるいは誤解等に基づく解雇その他の不利益取扱い等の社会的障壁に直面している個人を差別禁止法の保護対象者とする立法者の意思の表明であり，そして，そのような状態の存在とその違法性を本案として証明することにより，救済を得ると同時に，訴訟の前提要件をも充足するものと解すべきであるからである。障害者を「社会的障壁により継続的に……社会生活に相当な制限を受ける状態にある」者と定義する障害者の定義は，保護対象者の定義としては採用されるべきではない。障害者が直面している社会生活における参加制約については，法律の目的あるいは立法事実に関する条項のもとで言及するのが適切であろう。

以上の検討からは，保護対象者の範囲にはすべて個人が包摂されるべきであり，保護対象者としては，端的に個人などと規定すべきであるといえる。

2　差別禁止事由としての障害の定義

差別禁止事由としての障害の定義の定式化については，以下の方向性を指摘することができる。第1に，機能障害さえ持っていない個人を含むすべての個人を包摂することのできる用語，たとえば，健康状態といった用語を使用することである。これは，性別を差別禁止事由とする雇用機会均等法と同様の差別禁止事由の定式化であり，理論上最も適切である。

他方，多くの人々から受け容れられるために理解がより容易であると考えられる用語の使用も考慮すれば，第2の定式化として，改正案が障害を心身のすべての機能障害として定義している（2条1号）ように，差別禁止事由である障害を機能障害と定義することも，現実的な選択肢といえる。機能障害は，一時的または軽微なかぜ，もしくはインフルエンザなどの疾病，投薬により管理されている糖尿病，寛解状態にあるがんなどの生理学的変調，または顔面の火

傷，もしくは皮膚移植による傷などの外貌の醜状などをも包含する広範な適用範囲を有する包摂的な概念とすべきであり，また，機能障害には一時的または軽微なものが含まれることを明示すべきである。[31]

Ⅳ　お わ り に

これまでの検討からは，すべての個人は，軽度の障害を有する場合，あるいは現実の障害を有していない場合でさえも，障害を理由とする差別を受けうるものであり，すべての個人が障害差別から保護されるべきことを前提として，わが国における障害者差別禁止法の差別禁止事由および保護対象者の定義の定式化を行うべきであると考える。

まず，障害者差別禁止法の差別禁止事由としての障害の定義について，以下のような選択肢が考えられる。第1の選択肢は，差別禁止事由として，雇用機会均等法の差別禁止事由である性別のような，すべての個人を包摂し，保護対象者とする包摂的な用語，たとえば，健康状態といった用語を使用すること（あるいは，差別禁止事由としての障害をすべての健康状態を含むものと定義すること）である。

しかしながら，障害差別禁止という法規範をわが国において初めて導入するに際しての受容可能性を考慮すれば，以下のように，差別禁止事由としての障害を機能障害と定義することも検討に値する。ただし，現実の機能障害などの

---

28) 改正前のADAに関する同様の主張として，Feldblum, *supra* note 20, at 162-63.
29) ADAの解釈基準3条(4)(E)(i)によれば，機能障害が主要な生活活動を実質的に制限しているか否かの決定は，軽減措置の改善効果を考慮することなくなされなければならない（42 U.S.C. §12102(4)(E)(i)）。
30) ADAの解釈基準3条(4)(D)によれば，再発性の，あるいは寛解状態にある機能障害は，それが進行中の場合において主要な生活活動を実質的に制限する場合には，障害である（42 U.S.C. §12102(4)(D)）。再発性のてんかん，PTSD，高血圧症，喘息，および統合失調症なども，障害となりうる（29 C.F.R. part 1630, app. §1630.2(j)(1)(vii)）。
31) ADAの機能障害からは一時的かつ軽微なものが除外されている。ただし，機能障害から一時的かつ軽微なものを除外した定式化も，一時的かつ軽微な機能障害を理由とする差別は，たとえば，民法の権利濫用または不法行為による損害賠償等によって救済可能であると考えられるため，選択肢となりうる。

現実の差別禁止事由を持っていない個人も障害差別から保護されるべきことは確認すべきである。

> 「この法律において障害とは，機能障害をいう。ただし，機能障害には一時的または軽微なものが含まれるものとする。」

いずれの定式化によっても，事件の争点を，個人の機能障害による活動制限や参加制約の程度ではなく，使用者による不利益取扱いの存否およびその違法性の有無に集中させることができる。

次に，差別禁止条項については，以下のような規定が考えられる。

> 「使用者は，募集及び採用，雇用の終了，並びにすべての労働条件について，職務適格性のある者に対して，障害に基づく差別的取扱いをしてはならない。」

この規定は，障害の有無にかかわらず，職務適格性のあるすべての個人を保護対象者としており，当該規定に基づき，たとえば，結核に感染しているとの誤った認識に基づいて不利益取扱いを受けた非障害の個人も，職務適格性のある場合には，違法な障害差別からの救済を得ることができる。また，誰の障害を理由とする差別を禁止しているのかを明示していないため，子または配偶者の障害を理由とする非障害の親または他方の配偶者に対する差別も禁止される[32]。ただし，障害のない個人を保護対象者とする場合には，その旨を明確に述べる解釈基準を別個に設けるべきであろう。

(はたい　きよたか)

---

[32] 保護対象者の範囲に非障害の個人を含むこととする場合には，法律の名称としては，障害者差別禁止法よりも，障害差別禁止法の方が適切である。

障害者差別禁止法における差別概念
―― 合理的配慮の位置付け ――

長谷川　珠　子

（福島大学）

I　はじめに――本稿の目的

　これまで日本では，一定割合の障害者を雇用することを事業主に義務付ける「雇用率制度」によって，障害者雇用の促進を図ってきた。雇用率制度を定める障害者雇用促進法（以下，促進法）は，障害者を「職業生活に相当の制限を受ける者又は職業生活を営むことが著しく困難な者」と定義する（促進法2条1号）。一般の労働市場では雇用を確保することが困難である障害者に対して，憲法27条の定める勤労権を保障し，障害者の職業的自立を実現するために必要な施策として雇用率制度が導入されている[1]。

　これに対し，近年諸外国で導入されている障害者雇用差別禁止法は，原則として，職務遂行能力をもつ障害者について，障害を理由に差別することを禁止する。障害者の職務遂行能力が使用者の求める基準に達しない場合，職務遂行能力の低さを理由として不利益取扱いをすることは，差し支えない。ただし，障害者雇用差別禁止法には，従来の人種や性別を理由とする雇用差別禁止法にはみられなかった，「合理的配慮」（reasonable accommodation）をしないことを差別概念に加える考え方が持ち込まれている。障害者の場合，現実的に，障害のゆえに職業上のハンディキャップを有していることは多く，「等しき者を等しく扱う」という従来の差別禁止法の考え方だけでは，差別の解消には不十分だからである。

1）　厚生労働省職業安定局高齢・障害者雇用対策部『障害者雇用促進法の逐条解説』（日刊労働通信社，2003年）1頁以下。

しかし，この合理的配慮概念を差別禁止法理の中でどのように位置付けるべきか等について，日本では十分な議論が行われてこなかった。他方で，国連の障害者権利条約（Convention on the Rights of Persons with Disabilities）は，合理的配慮規定を含む障害者差別禁止法制を導入することを，締約国に求めており，条約批准を目指す日本にとって，障害者雇用差別禁止法を整備することは喫緊の課題といえる。障害者に対する偏見を解消し，障害者の社会参加の機会を高めるためにも，障害者差別禁止法を制定することは非常に重要である。本稿では，包括的な障害者差別禁止法をもっとも早く導入したアメリカの法制度や議論を参考に，日本における障害者差別禁止法の導入に向けた示唆を得たいと考えている。

II　アメリカにおける雇用差別禁止法とADAの特徴

アメリカにおいて1964年に制定された公民権法（Civil Rights Act of 1964）は，その第7編において，人種，皮膚の色，宗教，性，又は出身国を理由とする雇用差別を禁止した。1967年には，雇用における年齢差別禁止法（Age Discrimination in Employment Act, ADEA）が制定され，40歳以上の者に対する年齢を理由とする雇用差別が禁止された。

公民権法制定後，「障害」についても公民権法の対象とすべきとの議論があったが，人種や性別等と障害とでは差別の根拠としての性質が違うということが強く認識されていたこともあり[2]，実現には至らなかった。その代わりとして，1973年にリハビリテーション法が制定され，障害を理由とする差別が公民権法とは別の枠組みで禁止されることとなった。しかし，リハビリテーション法は，規制対象が，公的機関と一部の民間企業に限定されていたため，効果も限定的なものにとどまっていた。そこで，広く一般の企業を対象とする障害者差別禁止法の制定が望まれ，1990年に包括的な障害を理由とする差別禁止法である「障害をもつアメリカ人法」（Americans with Disabilities Act, ADA）が制定され

---

2) 髙梨文彦「公民権と社会福祉――アメリカにおける障害者の社会参加機会の保障――」早稲田政治公法研究62号218頁（1999年）。

た。

　雇用差別を禁止したADA第1編の法構造は，公民権法第7編をモデルとしており，規制対象である使用者の範囲や，救済の手続き・内容等は第7編とほぼ同じであるが，ADAには，以下の3つの特徴がある。第1の特徴は，「障害」の定義である[3]。第2の特徴としては，保護の対象を単に「障害をもつ者」とするのではなく，「職務の本質的機能を遂行できる者」，すなわち，当該職務に対する「適格性」をもつ者（qualified individual）に限定した点にある。第3の特徴は，人種や性別を理由とする雇用差別禁止法が対象としてきた「直接差別（差別的取扱い）」と「間接差別（差別的インパクト）」に加え，「合理的配慮」を提供しないことが，差別に該当するとした点にある。

　本稿では，障害者雇用差別禁止法の第2と第3の特徴に注目し，障害者差別禁止法及び合理的配慮について分析する。

Ⅲ　禁止される雇用差別とは

1　公民権法第7編における雇用差別

　公民権法第7編が制定された当初は，意図的な差別のみが禁止されるとの考えが優勢であったが，人種差別について争われたGriggs事件おいて，連邦最高裁判所は，差別の意図を含まない間接差別についても第7編によって禁止されることを明らかにした[4]。同事件では，高卒以上の学歴と一般的知能テストへの合格という資格要件が，黒人に差別的効果をもたらすと判断された。また，1977年には性差別事案について，身長・体重要件が，女性に対する差別的な効果をもたらすとして，間接差別法理によって違法と判断された[5]。この間接差別法理は，1991年公民権法による第7編の改正によって法律上明文化されるに至っている。

　合理的配慮は，障害者差別の文脈で初めて登場したものではない。宗教的信

3）　この点については，本号所収の畑井論文参照。
4）　Griggs v. Duke Power Co., 401 U.S. 424 (1971).
5）　Dothard v. Rawlinson, 433 U.S. 321 (1977).

念や戒律を労働者が守るようにできるよう使用者が一定の配慮をすべきかどうか（安息日に労働義務を免除すること等）が問題となり，この問題の解決のために，1972年に公民権法が改正され，「宗教という文言には，合理的な配慮を要する宗教的儀礼や慣行を含む」と明記されることとなった。これにより，使用者は単に消極的に差別を禁止されるだけでなく，過度の負担とならない範囲で，従業員の宗教上の行為に，「合理的な配慮」を図るべき積極的な義務を負うこととされた[6]。

このように，第7編制定以降，差別禁止法の役割は，単に意図的な差別の禁止にとどまらず，使用者の意図しない差別的な効果をもつバリアの除去も含むことや，差別禁止法の実効性確保のためには何らかの配慮をすることが必要な場面があることが，認識されるようになった。ADAはこのような背景のなかで制定された差別禁止法である。

2 ADAにおける雇用差別

(1) ADAの構造

ADAは，雇用差別（第1編）だけでなく，公的機関による施設及びサービス（第2編），並びに，民間企業によって運営される公共的な施設及びサービス（第3編）における差別についても禁止する，包括的な差別禁止法である。

ADAの禁止する雇用差別は，募集・採用，昇進，解雇，報酬，職業訓練等，雇用の全局面に及ぶ。ADAでは，直接差別や間接差別の文言は用いられず，禁止される雇用差別として，7種類の差別が列挙されている（102条(b)）。

(2) 合理的配慮とは

列挙されている雇用差別のなかで，合理的配慮については，102条(b)(5)に定めがある。それによると，「(A)応募者又は従業員であるその他の点では適格性をもつ障害者の既知の身体的又は精神的機能障害に合理的配慮を提供しないこと」は差別となる。ただし，その配慮を提供することが，使用者の事業の運営

---

[6] ただし，宗教差別における合理的な配慮については「最小限のコストを超えるものは，過度の負担となる」との判断がなされており，使用者の合理的配慮義務はそれほど高度の責任ではないと解されている（Trans World Airlines v. Hardison, 432 U.S. 63 (1977)）。

にとって過度の負担（undue hardship）を課すことを使用者が証明できる場合は差別とはならない。また，「(B)従業員又は応募者の身体的又は精神的機能障害に合理的配慮を提供する必要があるという理由によって，適格性をもつ障害者である応募者又は従業員の雇用機会を否定すること」も差別となる。

ADA によれば，合理的配慮とは，「(A)従業員が使用する既存の施設を障害者が容易に利用もしくは使用できるようにすること」「(B)職務の再編成，労働時間の短縮，勤務割の変更，空席の職位への配置転換，機器や装置の購入・改良，試験・訓練材料・方針の適切な調整・変更，資格をもつ朗読者もしくは通訳の提供，及び障害者への他の類似の配慮」等，多様な内容を含む（101条(9)）。

(3) 過度の負担の抗弁

ただし，使用者はどんな場合にも合理的配慮を提供することを義務付けられるわけではない。合理的配慮を提供しても，職務の本質的機能を遂行できない場合は，使用者は配慮をする必要はない。また，合理的配慮の提供が，著しい困難や費用を必要とする場合，すなわち「過度の負担」となる場合には，合理的配慮をする必要はない。過度の負担かどうかは，配慮の性質及び費用，使用者の財政状況，従業員数，使用者の事業の種類等，多様な基準によって判断される[7]。

(4) 合理的配慮に関する事例

具体的な事件において合理的配慮規定がどのように解釈されているかを知るため，2件の裁判例を紹介する。

車椅子利用者である原告が，在宅勤務（自宅での PC 設置を含む）と，職場の各フロアの給湯室のシンクを車椅子で利用できるよう低くすることを求めた事例において，第7巡回区控訴裁判所は，在宅勤務については，上司の監督の下，チームワークで行う職務において在宅勤務を認めることは当該労働者の職務能力を相当程度下げてしまうことを理由に，そのような措置は合理的配慮ではな

---

7) ADA の制定過程においては，過度の負担の判断基準が明確でなく，使用者が混乱するとの懸念が示され，従業員の年収の10%を超えるものを過度の負担としてはどうかとの議論があった。しかし，過度の負担の判断は事例ごとに判断されるべきであり，一律の基準を設けるべきではないとの考えから，そのような一律の基準は取り入れられていない。

いと判断した[8]。また，シンクについては，トイレにある洗面台が車椅子でも利用可能な高さに設置されていることもあり，各フロアの給湯室のシンクを低くすることは，それにかかるコストが，得られるベネフィットを上回るとして，配慮の合理性を否定した。

次に，合理的配慮として，先任権制度の例外となる配置転換を求めた事例において，連邦最高裁判所は，先任権の例外を認めることが合理的となる特別な状況を原告が立証できる場合を除き，先任権に対する例外を認める配慮は，原則として合理的ではないと判示した[9]。ただし，最高裁は，ADA の基本目標たる機会均等を達成するために，障害者を優遇することが必要な場合があることを認めており，中立的なルールの例外を認めて障害者を優遇する配慮が常に合理的ではないと判断したわけではない。

Ⅳ　雇用差別禁止法のなかでの合理的配慮の位置付け

1　適格性要件

ADA において，合理的配慮義務が使用者に生じるのは，合理的配慮によって，労働者が，職務の本質的機能を遂行できる場合に限られる。この「適格性要件」は，障害が職務遂行能力に影響を与える蓋然性が高いことから，あえて法文上明記されているものであり，公民権法第 7 編では当然の前提とされているものである。つまり，ADA においても使用者は職務能力をもつ者を平等に取扱うことを義務付けられているのであって，職務能力の低い障害者を特別扱いするよう使用者に求めるものではない。Ⅱで挙げた，障害者差別禁止法の第 2 の特徴である，保護の対象を「適格性をもつ者（職務遂行が可能な者）に限定した点」は，障害者差別禁止法の特徴ではなく，（雇用）差別禁止法の固有の性質であり，このことは，「等しき者を等しく扱う」という伝統的な差別禁止と異なるところはない。障害者差別禁止法において，適格性要件が明確に定められていることは，等しき者に対する差別の禁止であることを強調した結果と

---

[8] Vande Zande v. Wisconsin Dep't of Admin., 44 F. 3d 538 (7th Cir. 1995).
[9] US Airways, Inc. v. Barnett, 535 U.S. 391 (2002).

いえる。問題は,「合理的配慮」の位置付けである。

2　合理的配慮の位置付け

通常,ある事由による差別があるかどうかについては,その事由をもたない者との比較で判断されることになる。例えば,非障害者（障害をもたない者）と同等の職務能力をもつ障害者が,障害を理由に,非障害者よりも不利益な取扱いを受けた場合,障害を理由とする差別の存在が認められる。

しかし,合理的配慮を提供しないことが差別に当たるかどうかについては,非障害者は配慮を受けていないと考えられるので,アメリカ法における議論を参考にすれば,誰（何）を比較対象者とするのかが問題となる。合理的配慮を提供されない障害者が,誰（何）との関係で,差別的な（不利益な）取扱いを受けていると捉えるのか,合理的配慮を差別禁止法のなかでどのように位置付けるかについて,以下の二つの考え方ができる。

第1が,「障害者に対して配慮する取扱い」と「非障害者に対して配慮しない取扱い」とが,「平等な取扱い」と捉える考え方である（①とする）。障害者と非障害者を同一に取扱うこと,すなわち両者とも配慮しない取扱いが,障害者に大きな不利益をもたらすことに着目し,「違った取扱いをすること」が「平等な取扱い」だと整理するものである。この考え方は,（事実上劣位に置かれている）障害者に対し,非障害者は受けることのできない合理的配慮を提供することを求めるもので,ある種障害者を有利に扱うことになり,結果の平等の考え方に近づくものであると考えられる。

これに対して第2の考え方は,非障害者はもともと配慮を受けている（職務基準等が非障害者モデルにできている）のに対し,障害者は配慮されていないと捉え,非障害者より障害者が劣った取扱いを受けているのであるから,差別状態が生じていると考えるものである（②とする）。障害者に対する合理的配慮は,この差別状態を解消するためのものであって,平等な取扱いとは,言葉通り,同一の取扱い（配慮する取扱い）をすることだと整理できる。非障害者の職務遂行能力100のうち,90は本人の能力で,実は10は配慮を受けることによって得られているものだとすれば,能力が90の障害者に対して,使用者は＋10の合

理的配慮を提供することが、同一の取扱いとなる（＋10の配慮をしないことが、異なる不利な取扱いとなる）。しかし、障害者の能力が70である場合は、＋30の合理的配慮を提供することまでは求められない。また、過度の負担については、＋10の範囲内において判断されると考えられる。

これに対し、①の場合は、違った取扱いをすることが平等取扱いであるから、合理的配慮の上限はなく、過度の負担の場合にのみ、義務を免れることになる。このように考えると、②よりも、①の方が、合理的配慮の範囲は広いものになり、過度の負担の捉え方にもよるが、使用者の負担も①の場合の方が重くなることになる。

このような理解に基づき、以下では、日本においてどのような障害者差別禁止法を制定すべきかを検討する。

V　障害者雇用差別禁止法と雇用率制度との両立

1　日本の雇用率制度の概要

日本では、1960年に「身体障害者雇用促進法」が成立し、障害者の雇用を事業主に義務付ける雇用率制度が導入された。当初努力義務とされていた雇用率制度は、1976年の法改正により、（身体）障害者の雇用義務に強化され、その実効性を高めるための障害者雇用納付金制度が創設された。

現在では、民間の事業主には、1.8％の法定雇用率が課せられ、従業員56人につき1人以上の割合で障害者を雇用することが義務付けられる。雇用率を達成できない事業主は、達成できない人数1人につき月額5万円の納付金の支払い義務を負う。雇用率を超えて障害者を雇用している事業主には、その超える人数1人につき月額2万7,000円の調整金が支給され、その他、障害者雇用に伴う様々な配慮に必要なコストに対し、各種の助成金制度が整備されている。

このように、雇用納付金制度の趣旨は、障害者の雇用には一定のコストがかかることを前提に、障害者雇用に伴う経済的負担を事業主間で公平に負担することにある。また、促進法は、雇用率制度の対象を職業生活に相当の制限を受ける者としており、職業能力が低いと思われる人に雇用の場を確保することを

目的としている。このような目的の下，実雇用率は2004年以降上昇を続け，2010年には1.68％に達している。近年は大企業を中心に実雇用率の高まりをみせており，雇用率制度は一定の成果をあげている。

他方で，障害者差別禁止法の目的は，職業能力のある障害者に対して，障害を理由とする差別を禁止することにある[10]。雇用率制度とはその役割が異なることを十分に理解して，日本版の障害者雇用差別禁止法の在り方を検討しなければならない。

2　日本版障害者雇用差別禁止法制の在り方

一つの考え方として，職務遂行能力をもつ障害者と，少しの配慮によって職務遂行能力を発揮できる障害者を，差別禁止法の対象とし，少しの配慮だけでは使用者の求める基準を満たすことができない障害者については，雇用率制度によって雇用の場を確保するという考え方がありうる（【A】とする）。この考え方は，先の②の合理的配慮の位置付けと親和的であり，使用者の合理的配慮にかかるコスト負担もそれほど重くならないと考えられる。しかしながら，職務能力の低い障害者であっても，職務能力の差異以上の不利益取扱いを受けることは，障害を理由とする差別的な取扱いになるのであって，そういった場合もカバーする障害者差別禁止法でなければ，差別の解消には結びつかない。

そこで，日本版の障害者雇用差別禁止法の在り方として，2層的な差別禁止の規制を設けるべきと考える（【B】とする）。1層目は，伝統的な人種や性別を理由とする雇用差別禁止法と同様に，合理的配慮に関係なく障害者に100％の職務遂行能力を求め，そのような障害者に対する，障害を理由とする差別を禁止する。これに対し，2層目は，伝統的な人種や性別を理由とする雇用差別禁止法とは異なる視点を取り入れて保護の対象を広げ，「配慮が必要な者」（配慮がなければ100％の職務遂行能力を発揮できない者）と「配慮が必要ではない者」（配慮がなくても100％発揮できる者）という，「等しからざる者」を前提に，そのような合理的配慮をしないことが差別に該当するものであることを，明確に定

---

10)　合理的配慮をすることによって職務能力を有するようになる障害者を含む。

シンポジウムⅡ（報告④）

めるべきと考える。

　1層目においては，障害者に原則として100％の職務遂行能力を求めるものであるが，障害をもたない労働者であっても，常に100％の職務遂行が可能なわけではない。病気や怪我，出産・育児・介護等などの事情によって，従前の職務遂行が困難な場合，使用者が当該労働者に配慮することが制定法上あるいは判例法によって事実上義務付けられている（健康配慮義務，ワークライフバランス等）。障害者の場合にも，このような配慮義務の範囲内で，一定の合理的配慮を行うべきであり，これらに要するコストは，使用者側において負担すべきと考える。

　これに対し，2層目においては，合理的配慮を行うことによって，障害者の職務遂行能力が使用者の求める基準に達するのであれば，障害者を優遇することや，障害をもたないものであれば受けられない様々な特別な対応をすることを，使用者に義務付ける。これは，先の①の合理的配慮の位置付けと親和的であり，結果の平等を求めると，合理的配慮の範囲は無限となる。この点は，過度の負担の抗弁を適切に用いることにより，使用者の負担の軽減を図ることができる。また，現行の障害者雇用納付金制度には，障害者の新規採用や雇用継続のために，施設や設備について一時的に多額の経済的負担を余儀なくされる事業主に対し，各種の助成金を支給する仕組みが整備されている。これらの助成金制度から合理的配慮にかかるコストを負担することによって，合理的配慮の提供を促し，差別の解消と障害者雇用の両方を実現することができると考える[11]。

　雇用率制度は，合理的配慮が過度の負担となる場合や，合理的配慮だけでは職務遂行能力を発揮できない障害者を雇用するために用いられるべきであろう。具体的には，個人的な身体介護を必要とする障害者や，障害者雇用のために特

11）　現行の納付金制度は，当然ながら差別禁止法や合理的配慮を想定していないため，既存の制度を合理的配慮のために利用するためには，様々な問題を解決しなければならない。例えば，合理的配慮にかかるコストを助成金制度からまかなうことになると，支出が増え，現在の納付金の額や法定雇用率（1.8％）を引き上げる必要が生じる。また，制度の趣旨の違いから，現行の助成金制度を利用すべきではなく，新たな制度を設けるべきだとの意見もあり，検討を要する。

化した職場(特例子会社)での雇用が望ましい障害者など,差別禁止法では対応できない(差別禁止法とは矛盾するが,雇用の場の確保にとっては重要な)場面において,雇用率制度が役割を果たすべきである。

　障害の定義について,差別禁止法の在り方との関係で一言加えるとすれば,差別禁止法の対象となる障害者は,偏見やステレオタイプの解消という意味でも,従来の障害者の範囲(障害者手帳の所持者)よりも広く捉えるべきである。現在の障害者の範囲に含まれない軽度な障害と,現行の障害者の範囲に含まれるが職務遂行能力に支障のない障害者は,障害者差別禁止法の1層目においてカバーされることになる。これらの障害者は,雇用率制度の対象とすべきではない[12]。

　次に,現行の障害者の範囲にあり,一定の合理的配慮によって職務遂行が可能となる障害者は障害者差別禁止法の2層目によってカバーする。場合によっては,雇用率制度の対象ともなるべきであろう。

　最後に,現行の障害者の中でも,職務遂行能力との関係で,特別に雇用の場を確保すべき障害者については,雇用率制度の対象とすべきと考える。

　　　　　　　　　　　　　　　　　　　　　　(はせがわ　たまこ)

[12) この場合,現在の法定雇用率を引き下げることにつながりうるが,この点については,法定雇用率の計算式において対象となる障害者の範囲を含め,1.8%がそもそも妥当な数字かどうかを検討する必要がある。

個 別 報 告

ドイツにおける解雇の金銭解決制度の史的形成と現代的展開　　山本　陽大
労働契約における権利規制と義務創設　　龔　敏
　　──中国労働契約法を起点として──
性差別としての妊娠差別規制の問題点　　富永　晃一
有期労働契約の法規制のあり方に関する比較法的検討　　烏蘭格日楽
　　──日本・中国・ドイツを比較して──

ドイツにおける解雇の金銭解決制度の史的形成と現代的展開

山 本 陽 大
（同志社大学大学院）

I　はじめに

　我が国における解雇の金銭解決制度の議論は，経済学による規制緩和論に端を発していたが[1]，労働法学による比較的詳細な制度構築の検討を行ったものとしては，2005年に厚生労働省が公表した「今後の労働契約法制の在り方に関する研究会」報告書（以下，在り方研報告書[2]）を挙げることができる。しかしながら，同制度に対しては，使用者からの金銭解決の申立てをも認める点において，その導入自体に対する批判も根強く[3]，我が国では解雇の金銭解決制度は未だ具体的な立法となるに至ってはいない。

　ところで，従来の議論においては，「解雇訴訟において，解雇が無効と判断された場合，金銭と交換的に労働契約関係の解消を申立てる権利を労働者及び使用者の双方に認める制度」が，解雇の金銭解決制度の基本的な構造として想定されている。この点を捉えて，諸外国へ目を向けると，ドイツにおいては，解雇制限法（Kündigungsschutzgesetz）により，日本の解雇権濫用法理（労働契約法16条）と同様，一般的解雇規制の法律効果として解雇無効が予定されつつも，その立法当初以来，かかる基本構造を持った解雇の金銭解決制度である，

1）　八代尚宏『雇用改革の時代——働き方はどう変わるか』（中公新書，1999年）92頁。
2）　厚生労働省『「今後の労働契約法制の在り方に関する研究会」報告書』（厚生労働省，2005年）。
3）　最近では，西谷敏『人権としてのディーセント・ワーク——働きがいのある人間らしい仕事』（旬報社，2011年）90頁以下。

個別報告①

解消判決・補償金制度[4]が整備されている。本稿の第一の目的は，ドイツにおいて解消判決・補償金制度導入に至る歴史的経緯，及び導入後の理論的展開を検討することにある。

　一方，解雇の金銭解決制度の在り方として理論上観念されるものは，必ずしも上記のような類型に限られるわけではない。ヨーロッパ諸国の解雇法制の多くは，解雇規制の法律効果を使用者の被解雇労働者に対する金銭支払義務自体と結び付けているが，ドイツにおいても，2000年前後の時期において，解雇制限法の改革論が開花した。そこでは，論者により多少のグラデーションはあったにせよ，方向性としては解雇紛争の際の金銭的解決手段の一層の拡充へと向いていたのであり，その影響は2003年に成立した労働市場改革法（Gesetz zu Reformen am Arbeitsmarkt）に伴う解雇制限法改正により新たに導入された，解雇制限法 1a 条へと結実した。このように，ドイツにおいて改革論が提起された背景，改革案の内容及び解雇制限法 1a 条を巡る議論をフォローすることを，本稿の第二の目的としたい。

　最後に，以上の検討をふまえて，我が国における解雇の金銭解決制度の在り方につき得られる示唆を述べることとする。

II　ドイツにおける解消判決・補償金制度[5]

1　概　　要

　我が国と同様，ドイツにおいても，使用者による解約告知は様々な法律上の手続的・実体的制限に服するが，なかでも重要なのは，解雇制限法による一般

4）　同制度に関する先行研究としては，根本到「ドイツ解雇制限法における解消判決・補償金処理制度」労働者の権利249号（2003年）100頁，高橋賢司「ドイツ法における解雇の補償」労働者の権利258号（2005年）81頁，名古道功「解雇における金銭解決制度の検討」季労212号（2006年春季）76頁，拙稿「ドイツにおける解雇の金銭解決制度に関する研究——解雇制限法九条・一〇条の史的形成と現代的展開」同志社法学344号（2010年）357頁がある。

5）　同制度については，主に次の文献に負う。：*v. Hoyningen-Huene・Linck*, Kündigungs-schutzgesetz, 14.Aufl., 2007.; *Spilger*, Gemeinschaftskommentar zum Kündigungsschutz-gesetz und zu sonstigen Kündigungsschutzrechtlichen Vorschriften, 9. Aufl., 2009; *Schaub*, Arbeitsrechts Handbuch, 13. Aufl., 2009.

的解雇規制である。すなわち，解雇制限法はその1条において，労働者の一身上の事情に関する事由，労働者の行為・態度に関する事由，緊急の経営上の必要性のいずれかが認められなければ，解約告知は社会的に不当であり，法的に無効（rechtsunwirksam）であると規定する。解約告知が無効であれば，観念的には少なくとも，当該労働契約関係は存続することとなるが，ドイツにおいては，そのうえでの解消判決・補償金制度による金銭解決の余地があり，これを規定しているのが，解雇制限法9及び10条である。

　すなわち，解雇制限法9条は，訴訟において裁判所が解雇を無効と判断したことを前提に，使用者が労働者に対して補償金（Abfindung）を支払うことと引き換えに，労働関係を解消することの申立てを行うことを労働者・使用者双方に，事実審の口頭弁論終結時まで許容している。かかる申立ては解消申立て（Auflösungsantrag）と称されるが，労働者がこれを行う場合には，「労働者に労働関係の継続が期待しえない」こと（1項1文），使用者が解消申立てを行う場合には，「使用者と労働者との間で事業目的に資する更なる協働が期待しがたい事由」（1項2文）が存在していることが要件である。これら期待不能性（Unzumutbarkeit）が認められれば，裁判所は同条2項により「社会的に正当な解約告知がなされたならば，労働関係が終了したであろう時点」に遡って労働関係を解消し，かつ使用者に対して一定額の補償金を労働者に支払うべき旨の判決を下す。そして，その際の補償金額の決定システムを提供しているのが10条であり，それによれば，原則として補償金は12カ月分の賃金月額を上限として，裁判官がその裁量により金額を決定することとなっている（1項）。

2　歴史的形成過程

　以上が，ドイツ解消判決・補償金制度の基本的な条文構造であるが，差し当たりこのような制度が導入された歴史的経緯を確認しておきたい。[6]

6）　ドイツにおける解雇規制の歴史的な展開については，村中孝史「西ドイツにおける解雇制限規制の史的展開(一)(二・完)」法学論叢114巻6号（1984年）55頁，115巻2号（1984年）80頁が詳しい。

個別報告①

(1) 事業所委員会法及び国民労働秩序法下での法状況

ドイツにおける実質的な解雇規制は1920年の事業所委員会法（Betriebsrätegesetz〔BRG〕）により始まるが，初期のドイツにおける解雇規制は，その法律効果として解雇無効を予定してはいなかった。すなわち，事業所委員会法は，一般的解雇規制として労働者が「不当に過酷」な解約告知を受けた場合に，当該労働者または事業所委員会に対し，労働裁判所への提訴権を付与していたものの，労働裁判所が訴えを認容した場合であっても，使用者には労働者を継続雇用するか，それを拒否して補償金を支払うかの選択権（Wahlrecht）が認められていた。

その後，ワイマール共和制は崩壊し，政権はナチスへと移行するわけであるが，事業所委員会法の廃止と同時に1934年に制定された国民労働秩序法（Gesetz zur Ordnung der nationalen Arbeit〔AOG〕）においても，法律効果としての使用者の選択権はなお引き継がれていた。要するに，これらいずれの法状況下においても，使用者は補償金さえ支払えば，常に労働者を職場から排除できる状況にあったのであり，現在のドイツではこのような法状況を指して，補償法（Abfindunggesetz）と表現されている。

(2) 第二次世界大戦後の状況

ところが，ナチス崩壊後，連合国軍の占領下となったドイツにおいては，国民労働秩序法は廃止されるに至る。従って，これに伴い，一時的に，包括的な解雇制限立法の欠缺状態が生じることとなるが，そこにおいて重要な役割を果たしたのは各州法及び学説・判例であった。前者につき，その多くは結果として従来の事業所委員会法あるいは国民労働秩序法の規定を継承したが，同時に，労働ポスト（Arbeitsplatz）の存続保護思想が，この時期の判例・学説により支持されるようになる。それは，労働ポストとは労働者の社会的・経済的基盤を形成するものであると考え，解約告知が不当な場合には，まさに労働ポストそれ自体が維持されることを要するとして，法律効果として不当な解約告知の無効を承認しようとするものである。また，そこでの法的な媒介としては権利濫用論が用いられていた。

(3) "存続保護"法への転換

 もっとも,このような国民労働秩序法廃止以降のドイツの解雇規制の状況は,現在のドイツ解雇法制の基礎を醸成するものであった一方で,「相当な法の分立」(erhebliche Rechtszersplitterung) が生じていたと指摘され,それは同時に当時の重要な社会問題と認識されていた。1950年1月に行われた,当時の労働組合および使用者団体との頂上協議においては,解雇制限法の整備の必要性について言及されている。その結果公表されたのが,ハッテンハイム草案[7]と呼ばれる解雇制限法の草案であった。そこでは,まさに,社会的に不当な解約告知は無効と宣言される(1条)とともに,4条において,解消判決・補償金制度の原型が規定されることとなる。すなわち,同草案の4条1項は「解約告知が社会的に不当であることが明らかとなった場合,労働裁判所は判決において解約告知が無効であり,かつ労働関係が存続していることを確認しなければならない。」と規定しつつ,同条2項1文において,「労働裁判所は,緊急の事業上の事由が主張された場合には使用者の申立てにより,労働関係の継続が期待し得ない場合には労働者の申立てにより,労働関係を解消し,かつ使用者に対し補償の支払いを命じなければならない。」と規定していた。これにより,ハッテンハイム草案は,従来のBRG及びAOG下において,選択権として認められていた使用者による金銭解決の余地を狭めつつ,労働者の側からの新たな金銭解決の方途を開いたのである。

 現在のドイツ解雇制限法は1969年の改正後のものであるが,1951年8月10日に可決され成立した旧解雇制限法の政府草案は,このハッテンハイム草案を基礎として起草されたものに他ならない。特に,社会的に不当な解約告知の無効原則と解消判決・補償金制度はほぼそのまま引き継がれ,前者はそのまま1条に,後者は当時の7条において規定されることとなった[8]。この点につき,当時の政府草案解説はまず1条について,「草案は,労働者の経済的・社会的な生

---

7) DIE HATTENHEIMER ENTSCHLIESSUNGEN, RdA 1950, S. 63ff.
8) もっとも,使用者による解消申立てについての文言は,ハッテンハイム草案における「緊急の事業上の事由」から,旧解雇制限法7条においては「使用者と労働者との間で事業目的に資する更なる協働が期待しがたい事由」へと変更されている。

個別報告①

計の基盤を形成する労働者の労働ポスト及び事業所への所属を法益と看做している。……従って、……この法によれば、社会的に不当な解約告知は無効である。……社会的に不当な解約告知を法的に無効とする草案の規定は、このような解約告知の否認をより強く表現している。」[9]と存続保護の思想を明確に述べている。しかしそれと同時に、7条の趣旨については、「社会的に不当な解約告知は無効なのであるから、……従って、……労働関係は原則として存続する。しかし、草案は、そこにおいて労働関係の基礎を成す信頼基礎（Vertrauensgrundlage）が崩壊した場合についての配慮を行っている。そのような場合のために、草案は裁判所による労働関係の解消及び社会的に不当な解約告知を行った使用者への補償金支払命令を規定するのである。」[10]との説明が行われていた。

かかる歴史的展開を受けて、現在のドイツにおける学説及び連邦労働裁判所の判例は「解雇制限法は、存続保護法（Bestandsschutzgesetz）なのであって、補償法ではない。」との命題を繰り返し強調している。しかしまた同時に、労働関係の存続の為には当事者の信頼基礎が不可欠であり、それが解約告知を契機として崩壊した場面については配慮が必要であるとする立法者の視点もまた、無視してはならない。この点に、解消判決・補償金制度の基本理念を見出すことができる。

3　解消判決・補償金制度の規範的正当性
　　──連邦憲法裁判所2004年10月22日決定

かくして、解消判決・補償金制度はドイツ解雇法制に組み込まれることとなったわけであるが、労働ポストの存続保護を第一に志向する現行の解雇制限法のもとでは、解消判決・補償金制度は例外的にそれを破る存在であることから、とりわけ使用者による解消申立てをも認める現在の解雇制限法9条は、労働者の職業選択の自由を規定する基本法12条1項に反し違憲であるか否かが争われ

---

9) Begründung des Kündigungsschutzgesetzes, RdA 1951, S. 63.
10) Begründung des Kündigungsschutzgesetzes, RdA 1951, S. 64.
11) 【基本法12条】（職業選択の自由）(1)全てドイツ人は、職業、労働ポスト及び職業訓練所を自由に選択する権利を有する。……

ることとなる。そして,この問題に答えたのが,連邦憲法裁判所2004年10月22日決定であった。

同決定において,連邦憲法裁判所はまず,職業選択の自由は,職場の喪失に対する私法上の保護には直截には結びついてはいないと述べつつも,契約自由の枠内にある私法上の規制のもとでは,解約告知は労働者の職業選択の自由と使用者の営業の自由の衝突問題であると把握し,国家はこの利益衝突を調整する保護義務を負うとする。そして,そのうえで,「解雇制限法を超えた存続保護は,基本法12条1項によっては要求されない。……解雇制限法9条に従った労働関係の解消は,違法な解約告知にもかかわらず,労働契約当事者の更なる協働が有意義ではない蓋然性が高い場合に,例外的にのみ正当化される。解雇制限法9条は,崩壊した労働関係の解消によって,使用者および労働者相互の利益の調整に資するのである。」と判示し,9条の合憲性を肯定した。

すなわち,連邦憲法裁判所は,同決定により,ドイツ解消判決・補償金制度は,解約告知は違法ではあるが,しかし他方,信頼基礎が崩壊している場面に限って,補償金と引き換えに労働関係解消を認める例外的利益調整規範であり,またそれは労働者・使用者双方の基本権を調整するものとして,憲法上の観点からも規範的にも正当化されると判断したものと評価することができよう。

4 要件論
(1) 総論

2(3)で述べた通り,立法趣旨によれば,ドイツ解消判決・補償金制度とは,解約告知が社会的に不当であり無効である場合に,法定の要件のもと,当事者の解消申立てにより裁判所が判決をもって補償金と引換えに,労働関係の解消を認める例外的利益調整規範である。従って,解雇制限法9条に明文化されてはいないが,このような立法の趣旨からすれば,同制度を利用するためには,解雇制限法1条による解約告知の社会的不当性の存在が論理的前提となっており,このことが,第一の要件を構成することとなる。[13]

---

12) BVerfG Beschl. v. 22.10.2004, AP Nr.49 zu §9KSchG 1969.

個別報告①

次に，期待不能性の存在が第二の要件となる。解雇制限法9条1項1文により，労働者が解消申立てを行う場合には，労働者にとって「労働関係の継続が期待しえない」こと，使用者が行う場合には，同条1項2文により「事業目的に資する更なる協働が期待しがたい事由」がそれぞれ要求される。[14] 期待不能性を根拠付ける事実を解消事由と称するが，立法者は労働契約当事者の信頼基礎の崩壊は，解約告知を契機として生じるものと考えていたのであるから，解消事由は解約告知自体及び解雇制限訴訟（解雇制限法4条）に関連したものであることを要する。また，1964年の解雇制限法改正以降，解消事由の主張・立証責任は解消申立てを行った側の当事者が各自負担することとなっている。このことは，労働者側からの解消申立ての場合であっても，異なるところはない。

(2) 解消事由の具体的解釈——労働者による解消申立て

ではまず，労働者からの解消申立ての場合に，具体的にはどのような事実が解消事由足りうるのか。この点につき，旧解雇制限法の政府草案解説は，「特に解消事由としては，労働者の人格あるいは行動に関する不適切な誹謗中傷的発言が軽率になされた場合，あるいは解雇制限訴訟の過程において労働者の本質的な過失無くして信頼関係が崩壊させられた場合が考えられる。[15]」と述べており，このことは連邦労働裁判所の判例でも度々引用されている。加えて，1992年9月24日の連邦労働裁判所判決は，[16]「解約告知に関連して行われた違法な処遇」も解消事由となりうるとしたうえで，使用者が解約告知の後に違法に労働者の就業を拒否したことをもって，労働者の解消申立てを認容している。もっとも，使用者の違法行為が常に必要とされているわけではなく，州労働裁

---

13) なお，解約告知が，解雇制限法1条により社会的に不当であると同時に，その他の法規にも違反している場合（原因の競合事例）にも，使用者からの解消申立て（解雇制限法9条1項2文）が可能であるかについては議論があるが，判例（BAG Urt. v. 10.11.1994, AP Nr. 24 zu §9KSchG 1969）は，競合している法規が労働者に有利な保護規範でない場合には，使用者の解消申立てをなお可能とする立場に立っている。議論の詳細については，*v. Hoyningen-Huene・Linck*, a. a. O. (Fn. 5), S. 504ff を参照。
14) かかる期待不能概念は，信頼基礎の崩壊という現象を労働者及び使用者それぞれの観点から表現したものと評価すべきであろう。
15) Begründung des Kündigungsschutzgesetzes, RdA 1951, S. 64.
16) BAG Urt. v. 24.9.1992, AP zu Einigungsvertrag Anlage I Kap. XIX Nr. 3.

判所の判決ではあるが，労働者が職場に復帰した場合に，職場の同僚から不当な扱いを受ける危険があることをもって解消事由を認めたものがある[17]。

(3) 解消事由の具体的解釈——使用者による解消申立て

次に，使用者による解消申立ての際の解消事由の解釈については，2002年3月7日の連邦労働裁判所判決[18]が詳細に一般論を述べている。すなわち同判決は，「解雇制限法9条1項2文に従った使用者の解消事由としては，労働者との人間関係，彼の人格に対する評価，彼に命じられた職務の遂行あるいは適性，及び彼とその他の同僚との関係に関する事情が問題となる。……それに加えて，例えば労働者による使用者，上司，同僚に対する侮辱，その他の誹謗中傷的な発言，個人的な攻撃が，解消事由として適切である。」とする。なお，本判決は同時に，解消事由は「労働者の有責な (schuldhaft) 行為において存在していなければならないわけではない。」とも述べていたが，実務上は，違法とはいえないまでも，批判的発言等，労働者による何らかの不当な行為が介在していなければ，使用者による解消の申立ては認容されない傾向にある。

(4) 期待不能性の評価

なお，裁判所は最終的に期待不能性の有無を判断するにあたり，当事者により主張・立証された解消事由が期待不能性を根拠付けるかの評価を行わなければならない。裁判所は口頭弁論終結時における解消事由を考慮して，当事者間の労働関係の形成についての将来予測 (Vorausschau) を行ったうえで，期待不能性の有無を評価することとなる。ところで，ここでの期待不能性の評価に際して，連邦労働裁判所は労働ポストの存続保護を優位させる現行の解雇制限法のもとでは，使用者による解消申立ての場合には労働者のそれにおけるよりも，厳格な基準が用いられるべきであるという命題を繰り返し述べている。このことは，使用者の解消申立てについて，連邦労働裁判所は二段階審査を行っているという点に端的に現れている。その典型例が，前掲・連邦労働裁判所2002年3月7日判決であり，同判決は「それ自体，労働関係の解消を適切と思わせる事由が存在していた場合には，第二段階として，（現在の）具体的な事業上の事

---

17) LAG Urt. v. Hamm 23.5.1975, DB 1975, 1514.
18) BAG Urt. v. 7.3.2002, AP Nr. 42 zu §9 KSchG 1969.

情を考慮して、なお事業目的に資する協働が可能かどうかが審査されなければならない。」と述べ、時間的経過によって解消事由がその価値を失いうることを肯定した。おそらく理論上は、このような二段階審査の手法は労働者による解消申立ての場合にも転用する余地はあろうが、実際には労働者からの解消申立てに関する判断ではこのような手法は用いられてはいないようである。

5　効果論

解約告知の社会的不当性が確認され、かつ期待不能性も認められる場合、裁判所は当事者の解消申立てに応じて、労働関係を解消し、使用者に対して裁判所が決定した額での補償金を支払うべき旨の解消判決（Auflösungsurteil）を下す。解消判決のうち、労働関係を解消する部分については遡及効を有しており、裁判所は「社会的に正当な解約告知がなされたならば、労働関係が終了したであろう時点」（解雇制限法9条2項）において、労働関係を解消するが、これは具体的には解雇予告期間の経過時点（民法典622条）であると解されている。[19]

また、解雇制限法9条によれば、裁判所は解消判決を行うにあたり、使用者に対し労働者への「相当（angemessen）」な補償金の支払いを命じなければならず、その金額は解雇制限法10条が定める上限の範囲内（原則として、賃金月額12カ月分）で、裁判官がその裁量により決定する。ドイツでは、かかる補償金の法的性質は「労働ポストを失うことに対する補償」であると理解されており、それゆえ補償金は、労働ポスト喪失による経済的損害の填補機能と精神的損害の填補機能を有する。

ところで、上記の通り、補償金の決定は裁判官の裁量事項であるが、学説からは補償金の際に考慮すべきメルクマールが提示されている。[20] それによれば、まず、労働者の年齢と勤続年数が考慮要因として挙げられるところ、この解釈は、労働者が一定年齢以上であり、かつ当該事業所に長期間所属している場合

---

[19]　なお、この解雇制限法9条2項の規定のもとでは、解雇予告期間経過時点から解消判決の時点までの受領遅滞（民法典615条1項）に基づく報酬請求権は発生しないこととなるが、連邦憲法裁判所1990年1月29日決定（BVerfG Beschl. v. 29.1.1990, NZA1990, 535）は立法裁量論により、これを合憲と判断している。

[20]　*v. Hoyningen-Huene・Linck,* a. a. O. (Fn.5), S. 529ff.

に補償金の上限額引上げを定める解雇制限法10条2項を根拠としている。次に，補償金が持つ労働者の経済的損害の塡補機能からすれば，労働者の配偶者あるいは扶養関係，年金への期待度，予測される失業期間等が考慮要素となる。もちろん，これらの要素は増額のみならず補償金を減額する方向へ働くこともありうる。例えば，失業期間との関係でいえば労働者が解約告知後，直ちに別の職場を得ていたという事実は補償金減額の根拠となる。もっとも，補償金の精神的損害の塡補機能によれば，例えば労働者が転職できたとしても，新たな職場において不都合を甘受しなければならない場合には，補償金の増額が志向される。以上に加え，旧解雇制限法政府草案解説が強調したように[21]，裁判所は補償金の増額あるいは減額を正当と思わせるその他全ての事情を考慮することができる。例えば，使用者が解雇制限訴訟期間中に労働者に対し誹謗中傷を行ったがために解消事由の存在が認められた場合には補償金増額の方向へ，逆に労働者が使用者や同僚に対してかかる行為を行った場合には減額の方向へ働く。なお，使用者の経営状態も考慮要素の一つとされる。

Ⅲ　ドイツにおける解雇法制改革論と解雇制限法1a条

1　2000年前後における解雇法制改革論の開花

ところで，ドイツ国内においては解雇の金銭解決制度として，解消判決・補償金制度のみでは不十分であるという見解が少なからず示されてきた。このような見解は既に1970年代の時点で散見されていたのであるが[22]，解雇法制を改革し金銭解決制度を拡充すべきであるとする議論が，とりわけ2000年前後の時期に多くの学者・実務家から提起された[23]。

これらの議論が前提とする現状の評価として，第一に挙げられるのは，解雇制限法が立法当初よりその目的としている労働ポストの存続保護は，実際の解

---

21) Begründung des Kündigungsschutzgesetzes, RdA 1951, S. 64.
22) Vgl. etwa *Becker / Rommelspacher*, Ansatzpunkte für eine Reform Kündigungsschutzrechts, ZRP 1976, S. 40.
23) この点については，「ドイツにおける労働市場改革――その評価と展望」（労働政策研究・研修機構，2006年）54頁以下［根本到執筆部分］も参照。

個別報告①

雇紛争実務では実現できておらず，大多数の紛争は使用者が労働者に補償金を支払うことによる裁判上の和解（特に，労働裁判所法54条による和解弁論）で終了しているという「理論と実務の乖離」であり，これが様々な弊害（特に，訴訟提起に伴う当事者及び労働裁判所の負担）を生じさせているという。

また，それと並んで，最後の手段の原則（ultima-ratio-Grundsatz）や予測原則，社会的選択の法理（解雇制限法1条3項）等，従来の判例法理及び立法の積み重ねから，現行解雇法制のルールは非常に複雑なものとなっており，当事者からすれば，訴訟の終了時点を予測し，訴訟に伴うコストを予測することが困難となっていることも，改革論者の問題意識の1つである。そして結局，正規労働者を雇用すると解雇の際には，これら予測困難なコストを負担するおそれがあるから，使用者は非正規雇用への切り替え等，様々な回避行動をとることを余儀なくされ，これがひいてはドイツにおける高失業率の原因となっていると論者は主張する。

かかる問題意識から，解雇紛争の際の当事者の本来の意図を実現し，かつ解雇に伴うコスト予測の不能性を緩和するため，ドイツでは解雇の金銭解決制度の拡充に向けた解雇制限法の改正が提案されることとなる。そして，これらの問題が生じる原因の一端には，現行法上の解消判決・補償金制度のもとでは，期待不能性が要求され，特に使用者にとっては二段階審査等により厳格な審査が行われる（Ⅱ4(4)）ため，上記の問題の解決に寄与しないことも指摘されてきた。このことから，例えば*Bauer*は，現行の解雇制限法9条を一部改正し，期待不能性の要件を撤廃することで，これを審査することなく補償金と引き換えの労働関係の解消を行えるようにすべきであるとする[24]。

このような*Bauer*の提案は，当事者のいずれにも，存続保護か金銭解決かの選択肢を与えるものと評価することができるが，「理論と実務の乖離」という問題意識から更に改革を推し進め，解消判決・補償金制度以外での金銭解決手段の拡充を構想するのが，*Willemsen*である[25]。すなわち，*Willemsen*の提案によれば，全ての解雇は原則として有効とされ，そのうえで被解雇労働者は，

---

24) *Bauer*, Ein Vorschlag für ein modernes und soziales Kündigungsschutzrecht, NZA 2002, S.529.

2年間事業所に所属していた場合には、解雇の社会的不当の有無に関わらず勤続年数×賃金月額×25％の基本補償金を受け取ることができ、更に、解約告知が社会的に不当であった場合には、最大で賃金月額の12カ月分の追加補償金を得ることができる内容となっている。

ところで、これら *Bauer* や *Willemsen* の見解の骨子には、使用者が解約告知を行うことにより最終的に負担すべきコストの額を事前に明示する点にあるが、*Hromadka* は、このようなコストの予測可能性自体には批判的見解を述べている[26]。すなわち、*Hromadka* は、使用者にとって解雇に伴うコスト予測が可能となると、解雇が誘発され、それはひいては労働関係存続中における、労働者の使用者に対する従属を強めることになるとする。しかし他方で、*Hromadka* は、経営者の判断の自由を尊重すべきとの立場を基調として、「裁判官は有能な経営者ではないし、判断を誤った際、責任を引き受けることはできない」のであるから、緊急の経営上の必要性を理由とする解雇の際の法的な介入には抑制的であるべきであり、その際の規制としては使用者の労働者に対する金銭支払義務に留めるべきであるとの提案を行っている。

2　解雇制限法1a条の導入とその評価

いずれにせよ、これらの改革論は、具体的な改正草案までをも提示するものであったにも関わらず、現実には法改正に結実することはなかった。もっとも、改革論者が問題意識として有していた「理論と実務の乖離」及び（とりわけ、緊急の経営上の必要性を理由とする）解約告知に伴うコスト予測不能性を背景に、2003年12月19日に成立した労働市場改革法に伴う解雇制限法改正により[27]、解雇制限法1a条に、新たな解雇の金銭解決制度が導入されることとなる。これは、使用者が緊急の経営上の必要性による解約告知を行う場合に、解雇通知において「解約告知が緊急の経営上の必要性に基づくものであること」及び「労働者

---

25) *Willemsen*, Kündigungsschutz — vom Ritual zur Rationalität, NJW 2000, S. 2779.
26) *Hromadka*, Unternehmerische Freiheit — ein Problem der betriebsbedingten Kündigung?, ZfA 2002, S. 383.
27) ドイツの労働市場改革法については、名古道功「ドイツ労働市場改革立法の動向——ハルツ四法と労働市場改革法を中心に——」金沢法学48巻1号（2005年）29頁を参照。

個別報告①

が3週間の提訴期間を徒過させた場合には補償金を請求しうること」の2つを指摘（Hinweise）し，かつ労働者が実際に3週間の提訴期間を徒過させることを要件（1項1文及び2文）に，労働者に 勤続年数×賃金月額×0.5 という算定式（2項1文）で算出された金額の補償金請求権を取得させる制度である。立法者解説[29]は，同制度の利点として，労働者は訴訟を提起することなく補償金を得ることができること，法律中に算定式が明示されるため，それにより算出された額で補償金を得ることが法的に担保されること，また同時に使用者のコスト予測が可能となること，訴訟の不提起を前提とする制度であるため，裁判外での解雇紛争解決が促進され，当事者及び裁判所は解雇制限訴訟の負担から解放されることを挙げていた。[28]

かかる1a条の内容は，補償金支払いと引き換えに訴訟提起を放棄するという合意解約の一場面を摂取したものと評価できるが，かかる合意解約を行うことは従来から可能であり，1a条は，その施行後も当事者がその枠組みの外でかかる合意解約を行うことに何ら影響を及ぼすものではない。その点では，学説からは，1a条は何等新しい内容を含んでいないとの批判がある。また，補償金請求権の発生は，結局，使用者が上記の指摘を行うかどうかの判断に委ねられており，労働者に確実な補償金の獲得を保障するものではないことに対する批判もある。更には，使用者が上記の指摘を行ったとしても，労働者は使用者が解約告知の有効性に確信を抱いていない証左と捉え，むしろ裁判上の和解により，高額の補償金を得ようとする行動に出るため，結局，解雇制限訴訟回避及び裁判所の負担軽減は図られないこと，裁判上の和解の場合，労働者は直ちに債務名義を取得できることからも，労働者はやはり裁判上の和解を志向する等，1a条の問題点は多々指摘されている。こうして，立法者の意図に反して，ドイツ国内においては1a条に対しては実務における意義は低いとの批判的評価が多くを占めているのが現状である。[30]

---

28) 同制度を巡る議論については，橋本陽子「第2次シュレーダー政権の労働法・社会保障法の動向——ハルツ立法，改正解雇制限法，及び集団的労働法の最近の展開——」学習院法学会雑誌40巻2号（2005年）208頁が詳しい。
29) BT-Drucks. 15/1204.

Ⅳ　おわりに——総括と日本法の検討課題

1　ドイツ法の総括

　ドイツの解雇法制は，第二次世界大戦前のBRG及びAOG下での補償法から，存続保護法を内容とする現行解雇制限法への原理的な転換を経験しつつも，なお解消判決・補償金制度による金銭解決の余地を残した。金銭解決制度の基本理念は，連邦憲法裁判所2004年10月22日決定も述べるように，解約告知を契機に当事者間の信頼基礎が崩壊している場合についての例外的利益調整規範という点に求められ，ドイツの学説・判例は，この基本理念を起点として，一貫した要件・効果論を展開してきたということができる。すなわち，ドイツ解消判決・補償金制度は，政策的観点からではなく，あくまで信頼基礎崩壊への配慮という，いわば労働関係に内在的な理念を基礎に導入され，展開されてきたのである。

　一方，2000年前後の解雇法制改革論においては，労働市場改革という政策的視点に基づく金銭解決制度の導入が議論された。そこでは，金銭による解雇紛争の解決を求める労働者の利益及び解約告知に伴うコスト予測に関する使用者の利益を考慮して，金銭解決手段の拡充に向けた議論が行われてきた。後者の要請は，特に「緊急の経営上の必要性」を理由とする解約告知の事案において高まり，解雇制限法1a条も，そのような問題意識のもとでの産物であったが，その法政策としての評価については消極的なものが多い[31]。いずれにせよ，解雇制限法1a条は，存続保護法という解雇制限法の本質を変容させるに至るものではないというのが一般的な評価である。

---

30)　Vgl. etwa *Richardi*, Misslungene Reform des Kündigungsschutzes durch das Gesetz zu Reformen am Arbeitsmarkt, DB 2004, S. 486.
31)　これに対して，例えば *Löwisch*, Die Kündigungsrechtlichen Vorschläge der "Agenda 2010", NZA 2003, S. 689 は，補償金の額を一定額において規定する解雇制限法1a条の規定が，「当事者双方に，解雇制限訴訟の予測不能性に関わらないことについて，強い刺激を与える」点においては，積極的な評価を行っている。

個別報告①

2　日本法の検討課題

　以上のドイツ法の検討をふまえると，我が国における解雇の金銭解決制度の在り方を考えるにあたり，次のことが検討課題になる。

　すなわち，ドイツ解消判決・補償金制度を巡る歴史的経緯からすれば，解雇の金銭解決制度の導入を検討するに際しては，ドイツにおいて解雇制限法の存続保護思想が明確にされているように，我が国においても労働契約法16条自体の基本理念（法的正当性）[32]を明確化することが不可欠の前提作業として必要であり，とりわけ職業選択の自由（憲法22条1項）や生存権（同25条1項），労働権（同27条1項）のような憲法的価値との関係で，金銭解決手段を許容しうる構造であるか否かの検討が必要となる。そして，その許容性が認められるとしても，解雇制限法9条にすら違憲訴訟が提起された経緯に鑑みるに，ドイツのように補償法の法体系を過去に経験したことのない我が国では，より一層，解雇の金銭解決制度の基本理念の明確化及びその規範的正当性の論証が求められよう。ドイツ法は，こうした論証が，特に使用者側からの金銭解決について妥当することを示唆している。

　そのうえで，解雇の金銭解決制度の基本的枠組みとしては，ドイツにおける解消判決・補償金制度型の制度設計（解雇無効を前提とする補償金制度）が考えられる一方，解雇法制改革論が提案したような内容でのより徹底した金銭解決制度化という選択肢もありうる。我が国において，どのような制度枠組みを選択すべきかは，解雇紛争の解決を巡る政策的視点を持ちながらも，何よりも，上述した解雇規制及び解雇の金銭解決制度自体の基本理念を深く考察したうえで検討すべきものであると考える。

　とはいえ，以上はドイツ法の知見をふまえたものに過ぎず，ドイツ法自体にも未だ検討すべき点は多々残っている。今後は，ドイツ法を含め，諸外国の解雇法制にも視野を広げつつ，研究を進めてゆくこととしたい。

（やまもと　ようた）

---

[32]　解雇権濫用法理の法的正当性に関しては，土田道夫「解雇権濫用法理の正当性――『解雇には合理的理由が必要』に合理的理由はあるか？」『解雇法制を考える〔増補版〕』（勁草書房，2004年）100頁以下も参照。

労働契約における権利規制と義務創設
―― 中国労働契約法を起点として ――

龔　　敏

（久留米大学）

I　はじめに

　本稿は，中国の書面労働契約制度の実態に対する分析を通じて，労働契約における権利義務の構造を再検討しようと試みるものである。すなわち，中国の労働契約論を起点として，労働契約論における2つの課題を指摘し，第1の課題（使用者の権限を広く認める書面契約条項に対する規制）については日本の人事権濫用規制法理について検討し，第2の課題（労働契約上の黙示義務がどのような指標で創設されるか）については，イギリスの黙示義務論を中心に考察を行う。そして，これらの考察を通じて，権利規制と義務創設の視点から中国労働契約論への示唆を求めることを目的とする。

II　中国労働契約論をめぐる2つの課題

1　書面労働契約制度の確立

　中国では，「労働契約は書面形式で締結されなければならない」と法律に明確に定められており[1]，中国労働契約法の最大の特徴ともいえる。特に「労働契約法」は，書面契約を締結しなかった場合の法的責任を明確にしただけではなく，労働契約の内容についても詳細な規制を行っている[2]。これらの規制は，労使の交渉力の不均衡を是正し，労使紛争を事前に予防するなどの視点から，評

---

1) 「労働法」（1995年施行）19条，「労働契約法」（2008年施行）10条。

価に値するところは少なくない。

2 「覇王条項」をはじめとする書面契約条項の問題点

しかし，こうした法規制は，いうまでもないが，労働契約条項のすべてを網羅するものではなく，法定明示条項のほかにも多様な明示条項を書きこむことが予定されている。また，中国では，法律だけではなく慣習的にも書面契約の有無が非常に重要とされており，書面契約に書かれていることなら，法令違反や極めて不合理な場合を除けば，それが当事者の権利・義務の絶対的な根拠として，契約文言のままに当事者を拘束すると理解される傾向がある。こうした背景の中で，「覇王条項」[3]と呼ばれる，使用者の一方的な権限を認めてしまう契約条項の問題が深刻である。たとえば，就業時間中トイレに行く時間を制限する契約条項や「労災に関して一概に責任を負わない」とする契約条項，「入社して〜年以内に妊娠してはならない」などの契約条項は決してまれではない。[4]これらの問題に対処するために，労働契約法26条は，使用者が自己の法定責任を免除し，または労働者の権利を排除する場合など，労働契約が無効または一部無効となることを定めている。しかし，ここでいう「労働者の権利」とは解釈論によりどこまで広げられるのか，必ずしも明確ではない。また，本来，形式上の「合意」であっても，当事者の「契約の自由」は原則として最大限に尊重されるべきという視点から，当事者意思の法的推定作業が必要な場合も考えられるのであって，かかる契約条項を一概に無効とする手法は，解釈論として

---

2) 使用者は，業務開始日から1か月以上1年未満の間に書面労働契約を締結しなかった場合，労働者に毎月2倍の賃金を支払わなければならない（「労働契約法」82条）。1年を経過しても書面労働契約を締結しなかった場合，使用者と労働者の間には「期間の定めのない労働契約」が締結されたものとみなされる（同法14条）。また，書面労働契約の内容について，「労働契約法」17条や「労働法」19条に定められる項目を「必要記載事項」としているほか，試用期間，職業訓練，秘密保持などを「任意記載事項」として法律の中で列挙しており，法定明示条項について細かく規制している。
3) そのような条項が記載されても労働者がサインを拒むことがほとんどないため，使用者はまるで「覇王」のような存在となることから，皮肉な言い方で「覇王条項」（原語：「覇王条款」）と呼ばれている。
4) 拙稿「中国における書面労働契約制度と労働契約論の課題」季労224号（2009年）19頁を参照。

妥当ではない。

3 書面労働契約と権利義務論の空白

一方で，こうした書面労働契約を権利義務の絶対的根拠と解することとは表裏一体の関係にあるのは，法令や書面労働契約に書かれていないことであれば，労働契約の当事者は何らの権利や義務も有しないと理解される傾向である。その結果，労働者が「過労死」，セクシュアル・ハラスメント，プライバシーの侵害などの問題に遭遇した場合，労働契約論から使用者の配慮義務等を導き出し，労働者の救済を図ることが難しい。また，労働者が使用者の重大な経営利益を侵害した場合でも，法律の明文規定や書面契約と直接抵触していなければ，差止めや損害賠償の請求は非常に認めにくい。この点，「労働契約法」3条には，信義則が定められているが，労働契約の解釈論にはほとんど生かされていない。

このように，中国で徹底的に普及した書面労働契約制度は，労働者保護に大きく資する側面もあるが，書面契約が労働契約上の権利義務の絶対的根拠と認識されていることから，①書かれている使用者の権限をいかに規制するか，②書かれていない当事者義務の空白をどのように埋めるか，という2つの大きな課題に直面している。

Ⅲ 日本における人事権規制法理

課題①に関して，実際，日本では，指揮命令権をはじめとする使用者の人事権が広く認められているため，中国の書面労働契約においてみられる「覇王条項」ほど極端なものは少ないとはいえ，このような人事権を制限しなければならない，という同種の課題を抱えている。これに対して，周知の通り，日本では，労働契約の解釈論から出発しながらも，権利濫用法理（労契法3条5項）に重点を置くという独自の規制法理が形成されている。この法理は，使用者の人事権行使にブレーキをかける意味で大きな役割を果たしているが，問題がないわけではない。

個別報告②

　配転命令権を例とすれば、職種や勤務地限定に関する労働契約上の合意は、配転命令権の存否を決定する中心的な要素であるにもかかわらず、従来の裁判例は、こうした合意の認定についておおむね消極的である。また、上記合意が肯定された場合でも、「権利濫用の点について判断するまでもなく」配転命令は無効となると述べつつ、「念のため」として、権利濫用法理を持ち出して、権利濫用の枠組みに従い判断する裁判例や、職種限定の合意の存在を肯定したにもかかわらず、配転命令権を排除することができないという「特段の事情」を強調する裁判例がある。これらの裁判例からは、いずれも契約論的展開への危惧がうかがえる。結果として、様々な要素を比較考量しなければならない権利濫用法理に重点が置かれ過ぎているのではないかという疑問がある。近年、配転命令については使用者の配慮義務の存在を指摘する裁判例もみられるが、こうした配慮義務と権利濫用論との関係も明らかではなく、多くの課題が残されているように思われる。

Ⅳ　イギリスにおける黙示条項（義務）の創設

1　イギリスにおける黙示義務論

　課題②については、イギリスの黙示義務論を考察対象とする。イギリスでは、労働条件は制定法や労働協約等によっても規制されているが、「労働関係はあくまで個々の労働契約の集合として特徴づけられて」いる。他方で、明示条項の不完全性を補充するために、裁判所に必要な黙示条項を推定する権限が付与されている。従来、黙示条項の重要な役割は、労働者の服従、忠実、注意義務

---

5) 「被告は、本件配転命令には業務上の必要性があった旨主張するので、念のため検討する」——新日本通信事件・大阪地判平9・3・24労判715号42頁等。
6) 東京海上日動火災保険事件・東京地判平19・3・26労判941号33頁。
7) 帝国臓器製薬事件・東京高判平8・5・29労判694号29頁等。この義務について、判例法理の中においていかに位置づけるべきかが不明確であるとして問題視する見解として、山田省三「配転命令権の濫用と使用者の配慮義務——帝国臓器製薬事件」労判643号（1994年）6頁、城塚健之「配転命令における権利濫用の判断手法について」労旬1662号（2007年）31頁以下。
8) 秋田成就編著『労働契約の法理論——イギリスと日本』[山田省三執筆部分] 146頁。

を示すことで使用者が持つ広範な経営特権に根拠を与えることであったものの，近年，後述の黙示的相互信頼義務など労働者の権利保護を支える黙示条項が積極的に認められており，従来のものから大きく姿を変えている。

　黙示条項は，契約法上の議論と相応して，「事実による黙示条項（terms "implied in fact"）」と「法的黙示条項（terms "implied in law"）」に二分される[9]。後者は，前者と違って，当事者の意思に必ずしも拘束されず，公正な労働契約関係を形成するための道具として，合理性と関連して柔軟に推定されるものとなっている。これら「法的黙示条項」の推定基準は課題②に有益な示唆をもたらすと考えるため，以下，主に裁判例の蓄積を通じて検討する。

2　労働者義務の創設

　まず，労働者の黙示義務について検討する。

(1) 適法かつ合理的命令に従い労働する義務

　労働契約上，労働者の最も基本的な義務は，適法かつ合理的命令に従い労働することである。使用者にとって，報酬を支払うことが基本約因（consideration）であるように，命令された通りに仕事することは，労働者の基本約因であるため，この義務に違反する場合は，契約への根本的違反（fundamental breach）とみなされ[10]，コモン・ロー上，使用者は予告を与えずに労働者を解雇できる。なお，この義務の内容に関して，労働者が通常契約に明示されたことよりも広い義務を負うと思われる[11]。

(2) 忠実（誠実）義務

　次に，労働者の忠実義務または誠実義務として，秘密裡に賄賂等を受け取らない義務，秘密保持義務，競業避止義務などが推定されているが，判例は，労

---

9) Douglas Brodie, *The Contract of Employment* (SULT, 2008) p.57. 2つの類型の区別は，scally v. Southern Health and Social Services Board [1992] 1 AC 294, 306-7 (HL) 事件の中で，Bridge 卿により述べられている。
10) Laws v. London Chronicle [1959] 1 WLR 698 (CA).
11) Gwyneth Pitt, *Employment law*, 7th ed. (Thomson Sweet & Maxwell, 2009) p.131. ただし，労働者が契約上の義務より拡張された義務を負わせる問題に関して，後述の労働者の協力義務と結びつけて論じることが多い。

個別報告②

働者は多くの場合忠実義務を負うとしながらも，その有無や範囲は一律に決められるものではなく，「特定の労働者は他の労働者よりも広く負わされる」として，労働者の職種または地位により異なる立場をとっている[12]。

(3) 合理的な注意義務

この点，労働者の注意義務にも同様の傾向が窺われる。すなわち，注意義務には，使用者の財産に対する注意義務，同僚や第三者を負傷させない注意義務，自分の技能発揮に対する注意義務が含まれると解されるが，その範囲も，労働者の地位抜きにして考えることができないことが多い。たとえば，使用者の財産に対する合理的な注意義務を明らかにしたSuperlux v Plaister事件判決は[13]，「Xは責任あるポジション（responsible position）にあるため，Yの財産を保護するために合理的な注意を払う義務がある」として，Xのポジションを強調した上で，使用者財産を保護する注意義務を導き出している。これは，管理職の地位にある労働者は，通常の労働者に比べて使用者の経営利益との関連度が極めて密接な関係にあるから，仕事遂行におけるより高度な注意義務が労働契約上に求められていると理解される。

(4) 協力義務

上述の黙示義務よりさらに包括的な概念として創設されたのは，協力義務である。当初，かかる義務について，裁判所が使用者の業務命令の適法性を検討せずに解雇権を判断できるよう，便宜的に創設した義務に過ぎないなど，学説上多くの批判がなされた[14]。その後，労働者が協力的なやり方で労働契約を履行すべき義務を負うとの考え方が，徐々に定着してきたが[15]，判例では，学説上の

---

12) たとえば，Hivac v Park Royal Scientific Instruments [1946] Ch 169 (CA).事件判決には，「週5日半働く体力労働者に対して，仕事以外の時間における兼業を制限することは，法的に許されないものの，事務弁護士の事務員は，日曜日に他の事務所で兼業をしたら，平日に働く事務所のクライアントと対立する立場の人がクライアントとなることもあるから，この二つの類型には，忠実義務の範囲が明らかに違うはずである」とのたとえが述べられている。
13) Superlux v Plaister [1958] C LY195 (CA).
14) B. A. Hepple, Employment Law, 3rd ed. (Sweet & Maxwell, 1979) p. 122. M. R. Freedland, The Contract of Employment, (Oxford, 1976) pp. 19-20.
15) Simon Deakin & Gillian S Morris, Labour law, 5th ed. (HART Publishing, 2009) p. 304.

批判を背景に,様々な側面を抱えうる包括的な性格を有する協力義務をすべての労働契約に安易に推定することに躊躇している傾向が窺われる。こうした傾向について,学説も「仕事のなかで高度の自由裁量と自己管理権を享有する専門的な労働者に対して,[その裁量等を]制限するものとして,使用者の事業に全般的に協力する義務を課すことが必要」だが,「その他の労働者に対して,契約上の仕事(約束)と合理的命令に従うべき義務の結合は,契約上の義務の全てであり,……労働者にそれ以上の義務を要求することができない」として,支持する立場が有力である。

(5) 不正開示義務

最後に,労働者の不正行為を開示する義務の有無について,比較的古くから議論があったが,判例は,原則としてこれを否定している。その理由は,リーディングケースである Bell v. Lever Brothers ltd 事件の貴族院判決で次のように述べられている。「労働契約は誠実義務を課すのであるが,それは最大限誠実契約(uberrimae fidei)ではない」。そして,「かかる義務を課すことは,一般の人々の慣習から離れ,当事者の通常の予想を超えた義務を創設することになる」。他方で,部下や同僚の非行については,上級管理職の地位にある等の理由により,開示する義務を肯定する判例がある。この種の判例では,労働者の地位は,かかる義務の有無が決まる重要な判断要素となる。

---

16) たとえば,新しい技術や技能に適応すべき義務を「税務官」に認めた Cresswell v. Board of Inland Revenue [1984] ICR508 (Ch D). 事件判決,「教師の契約上の義務は……その職業的性格によって説明される」として,同僚の代講を行う教師の義務を認めた Sim v Rotherham BC [1986] IRLR391 (Ch D). 事件判決,使用者の事業を故意に妨げない義務を管理職の労働者に認めた Ticehurst v British Telecom [1992] IRLR219 (CA). 事件判決は,協力義務と労働者の職業上の地位との関連性を示唆しているように思える。
17) Gwyneth Pitt., op cit., p. 132.
18) この義務に関するイギリス裁判例の動向を考察したものとして,石田信平「企業の違法・不正行為を通報する労働者の義務に関する裁判例の動向」労旬1666号(2008年)58頁。
19) Bell v. Lever Brothers ltd. [1932] AC161 (HL).
20) Sybron Corp. v. Rochem Ltd [1983] IRLR 253 (CA). 事件において,控訴院判決は,ヨーロッパ地域のマネージャーに対して,部下の非違行為を開示すれば必然的に彼自身の非違行為も明らかになる場合でも,部下の非行を開示する義務を負うと判示した。Sybron Corp. v. Rochem Ltd [1983] IRLR 253 (CA).

個別報告②

3　使用者義務の創設

次に，使用者の黙示義務についても創設の視点から検討していく。

(1) 健康と安全に対する合理的注意義務

まず，労働者の健康と安全に対する合理的注意義務は，労働契約上の根本的な黙示義務として，使用者が違反すれば，履行拒絶的な契約違反（repudiatory breach）とみなされ，制定法上の不公正解雇を申請する理由にもなる。最近，労働者の過労や職場のハラスメントによる精神疾患についても，判例法上確立されてきた「予見可能性」の基準により，この義務の違反を認めることがあり，かかる義務は拡大する傾向にある。[21]

(2) 労働者の推薦状（reference）に関する合理的注意義務

次に検討する義務は，イギリス独自の慣行に基づく義務であるが，その創設には再就職を通じて実現される労働者の経済的利益への重視が反映されていると思われるため，若干の考察を加える。イギリスでは，労働契約に定められていない限り，使用者は労働者に推薦状を提供する義務がないと解されるが，実際には多くの使用者は提供している。そこで，Spring v. Guardian Assurance Co. 事件貴族院判決[22]は，推薦状の記述に関する注意義務を認めて，「虚偽の記述」をした場合は，この義務に違反すると判断した。そして，その後の下級審判決では，事実に基づく情報しか書かれていなくても，労働者に対する多数の不満を書いて，労働者の能力について全く言及しなかった場合は，後述の相互信頼義務に違反すると判断しており，かかる義務の範囲が拡大する傾向にある。[23]現在，この義務（労働者からみれば権利）はすべての労働契約に推定される「法

---

21) Walker v. Northumberland CC [1995] IRLR 35 (QBD). Waters v. Commissioner for the Police of the Metropolis [2000] IRLR 720 (HL). Barber v. Somerset County Council [2004] IRLR 475 (HL)（評釈として，Douglas Brodie, "BARBER v SOMERSET AND THE ACAS GUIDE", (Dec 2004) 64 Employment law Bulletin, 2-3; Douglas Brodie, "Health and safety, Trust and confidence, and Barber v Somerset County Council: some further questions" (Sep 2004) 33 ILJ 261.）
22) Spring v. Guardian Assurance Co. [1994] 3 ALL ER 129 (HL).
23) Bartholomew v. London Borough of Hackney [1999] IRLR 246 (CA), Kidd v. Axa Equity and Law Life Assurance Society [2000] IRLR 301 (HC), TSB Bank v. Harris [2000] IRLR 157 (EAT) 等を参照。

的黙示条項」と解する見解が有力である。

(3) 不正行為を開示する使用者義務

労働者の不正開示義務については，既にⅣ2で検討した。ところが，使用者には同様の義務を推定しうるだろうか。この点について示した判例として，BCCI v. Ali and others 事件がある。同事案では，労働者が1か月分の給料を受け取り，これを将来起こりうる紛争に対する最大限かつ最後の解決とする（ACASの用紙による）協定に署名したが，使用者の不正を知った後に，改めて損害賠償を求めたところ，判決は，使用者の不正開示義務を認めれば，労働者にも同様の義務をもたらす危険性があり，「労働者によりよい保護を与えることから離れて，労働者により負担の重い義務をもたらし，そして職場に達成し得ない過度な基準をもたらす」ことを理由に，かかる義務を一般的義務として創設することを否定した。

ただし，判決は，上記協定が「放棄協定である場合，使用者に対する訴訟を放棄してもらうには当該当事者が開示義務を負うが，妥協協定である場合にはそのような義務はない」とも判断している。これを敷衍すれば，当事者間に何らかのやり取り（reciprocity）が想定できる場合であれば（妥協協定の場合），使用者の不正開示義務は否定されるが，やり取りが成立していない場合（放棄協定の場合）においては，このような義務が例外的に創設されうると解することができよう。

(4) そ の 他

その他，一部の労働者のみに対して例外的に認められる労働付与義務，専門

---

24) Douglas Brodie, op cit., p. 60.
25) BCCI v. Ali and others [1999] IRLR 226 (CA).
26) 使用者の情報開示義務に関して，労働者の不特定な権利に注意を与える義務も議論されているが，判例では積極的な義務として認められているといえないため，ここでは検討を省くことにする。
27) 同義務については，唐津博「イギリスにおける使用者の労働付与義務——コモン・ロー上の法準則と「労働付与義務」論に関する一考察」同志社法学191号（1985年）25頁以下，高木龍一郎「イギリスにおける就労請求権——コモン・ローにおける原則と例外的領域」東北学院大学論集（法律学）58号（2001年）35頁以下を参照。なお，この義務は，近年，いわゆる「Garden Leave」に関する判例において再び議論の種となった。

個別報告②

的労働者に対して，(12週間を上限とする) 制定法上の予告期間より長い期間 (6か月またはそれ以上) 前に予告を与える義務が認められているが，一般的に認められている「法的黙示条項」とは若干性質が異なる側面がある。また，労働者のプライバシーを保護する黙示義務も議論されているが，欧州人権条約第8条や人権法をはじめとする制定法や準則の枠組の中の一環として位置づけられているため，これらについては検討を割愛する。

4 相互信頼義務

労使双方が負う黙示義務に関連しており，義務創設の視点から最も注目すべきなのは，相互信頼義務の展開である。この義務は，1974年みなし解雇の概念が制定法に導入されたことを背景に，従前から認められている協力義務をさらに展開する形で判例に登場したものである。その内容は，「使用者は，合理的かつ適切な理由なしには，使用者と労働者間の相互信頼関係を破壊しまたは著しく損なうような仕方で行為しない」というものである旨説明されており，1997年には貴族院判決によって承認されるに至った。[28] この義務の「性格，内容及び範囲は未だ定かではなく，ある側面においてはまだ活発に論争されている」[29] ものの，労働契約上その他の黙示義務を根拠づける一般原則と解する見解が有力である。[30] また，かかる義務の違反が認められた事案は多種多様であるが，①労働者の人格や尊厳への尊重，労働関係の人的要素への重視が反映されていること，[31] ②「相互性」(mutuality) を強調していること[32] が大きな特徴となる。

---

28) Malik v. BCCI SA [1997] IRLR 462 (HL).
29) Mark R. Freedland FBA, The Personal Employment Contract, (Oxford, 2003) p.154, David Cabrelli, "The implied Duty of mutual Trust and Confidence : AnEmerging Overarching Principle ?", (2005) 34 ILJ 284. にも同旨の指摘がある。
30) Douglas Brodie, "Mutual Trust And The Values Of The Employment Contract", (2001) 30 ILJ 84.
31) 有田謙司「イギリス雇用契約法における信頼関係維持義務の展開と雇用契約観」山口経済学雑誌46巻3号 (1998年) 183-246頁，拙稿「イギリス雇用契約における implied terms の新動向に関する一考察——黙示的相互信頼条項という implied term を中心に」九大法学88号 (2004年) 51頁を参照。
32) 労働者側については協力義務と重なる部分が大きいから，ほぼ使用者側の義務に関連して展開されている。

そして，この2つのことは，近年の黙示義務の創設にも大きな影響を及ぼしていることは，Ⅳ3において指摘した通りである。

5 イギリス法からの示唆

以上，イギリスの主な法的黙示条項を義務創設の観点から検討してきた。その特徴は，黙示義務の拡張と，その特定や制限とが同時に意識されていることと言える。まず，拡張する傾向にあるものとしては，①安全注意義務や②推薦状に関する注意義務のほか，③相互信頼義務の誕生と拡大が挙げられる。これらの黙示義務の拡大や創設には，労働者の人格権，平等権に対する重視だけではなく，労働者の経済的利益も従前に比べると，新たな考慮要素として大きな影響を与えているように思われる。

一方で，黙示義務の創設が制限される考慮要素として，次の3つが考えられる。第1は，労働契約上の黙示義務は，一般的義務として当事者にとって過酷または現実不能なものであってはならない。前述の通り，このような考慮は，労働者や使用者の不正開示義務が否定された主な理由の1つでもある。第2に，労働者の地位は，黙示義務の創設を限定する重要な要素になる。安全注意義務，賃金支払い義務，適法な命令に従って労働する義務といった，労働契約の基本的義務を除けば，労働者の合理的注意義務の範囲，協力義務，「部下の非違行為を開示する義務」など多くの黙示義務は，労働者の地位により存否と範囲が決まる。第3に，労働者の職業や職務内容も黙示義務を特定するための要素の1つである。労働者の義務として，兼職における忠実義務や協力義務の一部，使用者の義務として，仕事を提供する義務や合理的期間前の解雇予告義務など，多くの黙示義務は，労働者の職業や職務内容により大きく影響される。これらの要素のほか，黙示義務の大枠を形成する要素として，義務の相互性ややり取りの観点も，非常に興味深いところである。

個別報告②

Ⅴ 試　論——労働契約上の権利義務構成の方向性

1　明示的権限規制法理構築の方向性

最後に，本稿の課題にもう一度戻りたい。Ⅱで検討した第1の課題について，権利濫用禁止の一般規定とされる中国民法通則7条を労働契約論に援用すれば[33]，日本と同様の権限規制法理を展開するができる。しかし，Ⅲで検討した通り，使用者の権利行使の濫用があったか否かを検討する前に，まずその権利の性格と範囲を確認する必要がある。権利の内容を特定しないまま権利濫用判断を行う場合には結果の予測が困難となり，当事者にとっての予測可能性を損なう結果を招きかねない。権利濫用法理がこのようなブラックボックスにならないために，権利濫用法理において考慮される要素を限定すべきであると考える。具体的には，権利濫用法理の本来的な領域と思われる，①不当な目的や動機，②不当な態様による権利行使，③労働者の人格権への侵害，④労使の利益の均衡が著しく保たれていないものに限定されるべきである。

2　黙示的義務の理論構成の方向性

次に，第2の課題について，中国「労働契約法」3条に規定されている信義則を根拠に，当事者の黙示義務を，「義務の相互性」という考え方による限界付けの下で創設することが望ましいと考える。ここでは，「義務の相互性」は，2つの意味があり，1つは，双務的・互恵的な意味としての「相互性」であり，もう1つは，労使が相互に負う対称的な意味としての「相互性」である。

前者の「相互性」を軸として創設されるのは，労働契約における「基本的義務」となる。具体的には，使用者側から言えば安全配慮義務と賃金支払い義務，労働者側から言えば合理的命令に従って労働する義務がこれに該当するだろう。この「基本的義務」の枠に入る黙示義務の特徴は，①すべての労働契約に推定されるべきであること，②書面契約の明示条項により排除することができない

---

[33]　「民事活動において，社会の公徳を尊重しなければならず，社会の公共の利益を害し，社会経済秩序を乱してはならない。」

こと，③相手の最も本質的利益になるものを給付・保護する内容となっているため，一方当事者が義務履行をしなければ，相手方は「相互性」を持つ義務の履行を停止することができるなどである。

後者の「相互性」を軸に構成されるものは，使用者と労働者の経済的利益や労働者の人格的利益への配慮レベルを向上させる，より高度な（より高い信頼関係に基づき履行困難度もより高いという意味）義務である。例えば，抽象的なレベルで対称性を持つものとして，①使用者と労働者が相互に相手の財産または経済的利益に合理的な注意を払う義務，②相互に協力するまたは相互信頼を破壊しない義務がある。具体的なレベルで対称性を持つものとして，不正行為の開示に関する労使の義務をめぐる議論が挙げられる[34]。これらの義務の特徴は，第1に，雇用社会の変化につれて，より高度の義務を新たに創設することは可能であるが，現実不可能なものであるかという基準によりチェックされる。第2に，その有無や範囲は，労働者の職業と地位，契約内容により変動することが多く，常に労働者の職業，地位，義務の相互性や「やり取り」の観点から制限を受けながら，部分的に創設されることになる。

以上，本稿は，中国労働契約論における2つの課題に関して，議論の方向性と基準を検討した。しかし，義務内容をめぐる各論的検討といった課題がまだ残されており，今後の研究課題としたい。

（キョウ　ビン）

---

34)　但し，不正を開示する義務は，「相互性」および「実現可能性」の基準により創設が否定されたことは，検討した通りである。

性差別としての妊娠差別規制の問題点

富 永 晃 一

(信州大学)

I 問　題

1　比較対象者の存しない場面での差別禁止法理の適用

　差別禁止法理は，ある個人に対する，その者が有する一定の差別禁止事由（人種，性，国家的出自等々）を理由とした不利益取扱い又は異別取扱いを禁止するものと理解されている。そして，問題となる取扱いが，差別禁止事由を「理由とした」か否か，その取扱いが「不利益取扱い（異別取扱い）」かどうか，ということは，通常，類似の状況にある（そして差別禁止事由の点で異なる）比較対象者の取扱いと比較して判断される。

　ところが厳密には類似の状況の比較対象者が存しない場合，あるいは想定し難い場合に，差別禁止法理が適用される例がある。[1]

2　例：妊娠差別の性差別としての規制

　たとえば，妊娠を理由とする採用取消や解雇等は，非妊娠者と比べての不利益取扱いであり，妊娠を理由とする差別（以下『妊娠差別』）である。

　性差別の視点からみれば，この妊娠差別の被害者である妊娠者は例外なく女性であるため，妊娠差別は直接的な性差別（性による直接差別，以下『直接性差

1）　類似の状況の比較対象者が存しない場面としては，①比較対象者が抽象的には存するが，たまたま，その具体的な局面では存しない場合と，②比較対象者が抽象的にも存しない場合がありうる。①は，たとえば性差別的な選抜基準による採用が行われたが，たまたま一方の性のメンバーしか応募していなかったような場合であり，②は，たとえば性差別の観点でみる限りでは異性の比較対象者が存しない，妊娠者の不利益取扱いのような場合である。本稿では，②の問題を検討対象とする。

別』)となる,とみる考え方がある（現在のドイツ法・アメリカ法）。男性の妊娠者は存しないので,これは厳密には類似の状況の比較対象者が存しない場合に,差別禁止法理を適用する例の一つである。

他方,妊娠差別での比較対象者は,男性以外に女性の非妊娠者を含むこともありうるので,妊娠差別は直接性差別でないとみる立場もある。日本法はこの立場に近く,妊娠による不利益取扱いは直接性差別（均等法5・6条）とは別途に禁止され（同法9条),たとえば妊娠を理由とする採用拒否も性差別でないとされている。しかしながら学説では,妊娠差別も性差別として位置付けるべきであると有力に主張されてきている。

3　本稿の目的

ある状況を理由とする不利益取扱いを,厳密には類似の状況の比較対象者が存しないにもかかわらず,差別禁止法理により規制する場合（例えば,妊娠や髭の存在等,一方の性のみに存する特徴を理由とする不利益取扱いを,明白な性差別として禁止する場合）には,誰を比較対象者として「理由とした」か,「不利益取扱い」か,を判断するかという差別の存否の判断基準は,必ずしも一義的に明確には定まらない。その場合,どのように当該判断基準が設定され,またそのことでどのような問題が生じるのか,ということを示し,差別禁止法理における適切な比較対象者の設定の必要性を明らかにすることが,本稿の目的である。

以下では,妊娠差別を例に,Ⅱでこれを直接性差別とするドイツ法・アメリカ法の各妊娠差別規制の内容,就中,差別の存否の判断基準となる比較対象者の設定と,当該比較対象者の設定に伴う諸問題を示し,これを踏まえて,Ⅲで,比較対象者の存しない視点で,ある事由を理由とする不利益取扱いを直接差別

---

2)　妊娠者に比較対象者が欠如することについて,たとえば浅倉むつ子＝門田由紀子編『比較判例ジェンダー法』（不磨書房,2007年）209頁。
3)　労働法令協会編『改正男女雇用機会均等100問100答』29-30頁〔6問〕。
4)　大脇雅子「男女雇用平等法をめぐる諸問題」青木宗也先生還暦記念論文集刊行委員会編『青木宗也先生還暦記念論文集　労働基準法の課題と展望』（日本評論社,1984年）353-354頁,笹沼朋子「『男性中心アプローチ』な改正――男女雇用機会均等法二〇〇六年改正の問題点」労旬1644号6頁（2007年）等。

と構成して差別禁止法理を適用することが問題を招きやすいことを述べる。

II 外国法の概観

1 ドイツ法
(1) 妊娠差別に関係する法制

（a）一般平等取扱法上の性差別　ドイツ法上，一般平等取扱法（Allgemeines Gleichbehandlungsgesetz. 以下"AGG"）が，人種，民族的出自，性，宗教又は世界観，障害，年齢又は性的指向という同法1条に列挙される差別禁止事由を理由とする雇用関係等の差別を規制する。同法は，これらの差別禁止事由を理由とする差別を，直接差別に相当する「直接不利益取扱い」，間接差別に相当する「間接不利益取扱い」等の基本的な差別類型として定めており，妊娠差別は性による直接不利益取扱いとされている。

直接不利益取扱い（直接差別）とは，一般平等取扱法上の定義に従えば，AGG「1条に掲げる事由の一つを理由として，ある人が，比較可能な状況において他の人が受けているか，受けたか，又は受けるであろう取扱いより有利でない取扱いを受ける場合」である（AGG 3条1項1文）。この定義に該当する直接差別であっても，「当該事由が，遂行される活動の性質又はその活動の条件のために本質的かつ決定的な職業上の要件である場合に，目的が正当でありかつ要件が適切であるとき」（AGG 8条）又は，宗教若しくは世界観，年齢による差別についての例外（AGG 9・10条）に該当する場合には，許されうる。

間接不利益取扱い（間接差別）は，同じく，AGG「1条に掲げる事由の一つにより，外見上中立的な規定，基準又は手続が，ある人々に対し他の人々に比べて特別に不利益となりうる場合に存する」とされる（AGG 3条2項前段）。そしてそのような基準又は手続も「適法な目的によって客観的に正当化され，かつ目的を達成するためにその手段が適切かつ必要である場合」には，間接差別とはされない（同項後段）。

これらの差別類型の枠組において，妊娠差別は性による直接差別に該当すると規定されている（『……，妊娠又は母親であることを理由として女性に対してより

不利益な取扱いをする場合も，性による直接不利益取扱いとなる』〔AGG 3 条 1 項 2 文〕）。

　(b)　母性保護法による妊娠した労働者の保護　　次に，妊娠差別の問題と関係する母性保護関係の規制にごく簡単に触れる。

　ドイツ法上，母性保護法（Mutterschutzgesetz）が，妊娠・出産した労働者の就業制限・就業禁止や一定期間の解雇制限，妊娠による就労不能期間中の母性手当金等の給付等を定める。労働者の採用後はこの母性保護法による解雇制限等の保護規制があるため，妊娠差別が問題とされるのは，母性保護法による保護がまだ及ばない採用段階が中心である。たとえば，典型的に訴訟等で争われる事案は，使用者が妊娠者を雇ったが，母性保護法の規制のため就労させることができず，錯誤（妊娠していないと思って採用した場合）や詐欺（求職者が妊娠を否定したので採用した場合）を理由として使用者が妊娠者との労働契約締結を解消したため，職を失った妊娠者が性差別を理由に当該取消の効力を争うという紛争類型である。

　(c)　使用者の質問権の制限　　ドイツ法では，判例法により使用者が採用選考の段階で求職者に情報を求める権利（『質問権（Fragerecht)』）は，使用者が，その回答に正当な利益を有する事項に限られるとされ，妊娠に関する質問（以下『妊娠質問』）の可否についても，判例・学説で争われてきた。以下にみるように，現在のドイツ法では，欧州法の影響を受け，妊娠に関する質問は直接的な性差別とされ，許されないとされている。

(2)　直接性差別としての妊娠差別規制

　(a)　直接性差別としての位置づけ　　1980年代のドイツ連邦労働裁判所（Bundesarbeitsgericht. 以下"BAG"）の判例は，妊娠質問を間接的な（明白でない）性差別とし，妊娠質問を受ける求職者の集団が女性のみであるか，男性をも含むかによって差別の成否が分かれるという立場を採っていたが[5]，1990年のDekker事件欧州司法裁判所（以下『ECJ』）判決[6]を受けて，求職者が女性のみ

---

5)　AG, Urt. v. 20.2.1986, AP Nr.31 zu §123 BGB=NJW 1987 S.397. ただし，この当時の「間接的な差別」は，現在のドイツ法・欧州法にいう『間接差別』とはやや異なる概念であり，明白でない意図的差別を指していた。

か，男性を含むかにかかわらず，妊娠差別が直接性差別となるという立場を採るに至っている。

　Dekker 事件では，妊娠していた求職者が，そのことを明らかにして，あるポストに応募し，使用者側によってそのポストにもっとも適任と判断されたが，採用時に既に判明している妊娠については保険給付の対象とされず，産休中の代替員の財政的手当もできないことを理由に採用を拒否されたことが性差別となるか否かが問題となった。ECJ は，一方の性のみに適用されるか，それとも両方の性に適用されるかが直接差別・間接差別の区別基準であるとし，問題となるポストへの求職者の中に男性が存するか存しないかにかかわらず，妊娠による財政負担を理由とする採用拒否は直接差別であると判断した（後に見る，これ以後のECJ判決も，基本的にこの立場を踏襲している）。

　ECJ は，この直接差別と間接差別の区分方法を維持し，その後，妊娠中・産休中の労働者について，たとえば妊娠・出産以外の傷病等による不就労者と同様の取扱いであったとしても，当該労働者を解雇することは，性差別として許されないと判断し，妊娠中・産休中は妊娠・出産以外の傷病等による一時的就労不能者も比較対象者とならないとした[7]（なお，妊娠中・産休中等の通常保護されるべき期間を超えて，妊娠・出産による疾病を理由とする就労不能の状態にある労働者については，妊娠・出産以外の傷病等による一時的不就労者と同様に扱ってよいとされた）[8]。

　ドイツ法は，これらの ECJ の判断を受け入れた。すなわち，1992年の BAG 判決は，EC 法に沿った解釈を採らねばならないことを理由として，上記 Dekker 事件 ECJ 判決の論理を受け入れ，使用者が，妊娠して産休をとっている者の代わり（妊娠代替員）として雇われた者もまた妊娠していたため，当該妊娠代理員との労働契約を詐欺・錯誤を理由として解消しようとしたという事案

---

6) EuGH, Urt. v. 8.11.1990〔Dekker〕, Slg. 1990 I-3941.
7) EuGH vom 6.30.1998〔Mary Brown/Rentokil Ltd.〕Slg. 1998 I-4185。柴山美恵子・中曽根佐織編『EU 男女均等法・判例集』（日本評論社，2004年）278頁以下。
8) EuGH, Urt. v. 8.11.1990〔Hertz〕, Slg. 1990, I-3979, EuGH Urt. v. 29.5.1997〔Larsson〕, Slg. 1997, S. 2757. 7BAG, Urt. v. 15.10.1992, AP Nr. 8 zu §611a BGB, BAG, Urt. v. 1.7.1993 AP Nr. 36 zu §123 BGB=DB 1993, S. 1978.

で,当該ポストへの男性の応募の有無にかかわらず妊娠を理由とする雇入れ拒否は差別であるとして,当該契約解消が違法な差別に該当すると判断した[9]。また,2006年に立法されたAGGも,差別禁止事由に専属的に結びつく事由による差別は直接差別となるという考え方に基づき,妊娠差別が性による直接差別だと明定するに至った。現在は,使用者による求職者に対する妊娠質問には正当な利益が認められず,当該妊娠質問に対し,妊娠している求職者が「妊娠していない」と虚偽の回答をしたとしても,詐欺・錯誤を理由とする労働契約解消等の不利益取扱いはなしえないとされている。

以上のとおり,ドイツ法では妊娠者に妊娠質問を行い,その結果を考慮して不利益取扱いをすることは直接性差別となる。これは,妊娠質問がなされず,その結果が考慮されなかった場合の取扱いと比べて差別の有無(性を理由としたか否か,不利益取扱いか否か)が判断されるのと同じ状況である。そうすると,性差別としての妊娠差別の判断における比較対象者は,(男女を問わず)妊娠していない労働者全てということになりそうである。ただし,妊娠以外の傷病については,その傷病が業務遂行能力に関係する場合には,その傷病について質問し,考慮することが可能であるが,妊娠については,業務遂行能力に関係するとしても,妊娠の有無について質問し,考慮することが許されない。よって,妊娠以外の傷病者(一時的不就労者)は,妊娠差別を判断するための比較対象者ではないことになる。したがって,ドイツ法では,妊娠差別を判断するための妊娠者の比較対象者は,実質的には,通常の状態の労働者(一時的就労不能者でない労働者)であるといえる。

(b) 直接性差別としての妊娠差別規制の問題点　間接差別と異なり,直接差別はごく例外的に正当化されるのみであるため,直接性差別とされた妊娠差別の正当化の余地はほとんど認められない。

2000年のMahlburg事件ECJ判決[10]では,妊娠者が就労できない業務があることを理由とする,無期雇用のポストに応募した妊娠した女性看護師の採用拒否について,妊娠による不就労は一時的である以上,無期雇用のポストでの採

---

9) BAG, Urt. v. 15.10.1992, AP Nr. 8 zu §611a BGB.
10) EuGH, Urt. vom 3.2.2000 [Mahlburg] Slg. 2000, S. I-549.

用拒否の理由とできないとして，当該採用拒否は許されないと判断した．

　2001年の Tele Danmark 事件 ECJ 判決[11]では，妊娠を告げず期間6カ月の有期雇用のポストに採用された女性労働者を，採用の1カ月後，妊娠を知った使用者が解雇した（契約期間中，3カ月は産休で就労させられない可能性が高かった）ことについて，ECJ は，妊娠を理由とする解雇は直接差別であるとし，使用者の財政負担や，有期雇用であること，企業の規模の大小は差別の成否の判断を左右しないとして，解雇は許されないと判断した．

　その後，BAG は，2003年に，無期雇用のポストにつき，契約当初からの妊娠による不就労を理由とする契約取消は認められないと判断した[12]（有期雇用のポストに係る判断はまだ存しない）．しかし，使用者が，有期雇用の契約期間中にはほとんど就労不能となる妊娠者を，採用拒否することも，当該妊娠者との労働契約を解消することもできないとすれば，使用者にとっては不当と感じられる帰結を招き，却って女性全体へと差別が広がりうることから，学説ではこの判決に否定的な見解がみられる[13]．

2　アメリカ法

(1)　妊娠差別に関係する法制

　アメリカでは，妊娠差別は，公民権法第七編（以下『第七編』）上の性差別として禁止される．第七編では，人種，皮膚等の色，性，宗教又は国家的出自による差別が禁止され，差別立証の枠組として，差別的取扱理論と差別的効果理論との2つがあるとされている．

　差別的取扱理論とは，意図的な差別の立証の判断枠組である．性差別についていえば，まず直接証拠がある（明白な）差別の場合には，被告（使用者）は性が事業・企業の正常な運営に合理的に必要な適正な職業上の資格（Bona Fide Occupational Qualification. 以下"BFOQ"）を立証して責任を免れうる（正当化しう

---

11) EuGH, Urt. v. 4.10.2001 [Tele Danmark], Slg. 2001, S. I-6993.
12) BAG Urt. vom 6.2.2003 2 AZR 621/01, BAG AP Nr.21 zu §611a BGB.
13) Thüsing, DB 2001, S. 2451/S. 2452 [Anmerkung], Westenberg, Die Frage nach der Schwangerschaft-Entwicklung der Rechtsprechung, NJW 2003, S. 490.

る)。他方,直接証拠がない(明白でない)場合,差別の存在を主張する原告(労働者側)が,(a)差別の一応の証明(prima facie case)を行い,これに対して(b)差別意思の不存在を主張する被告側(使用者側)が,問題とされている行為について,適法で非差別的な理由を示し,それに対して(c)原告は,被告が示した適法で非差別的な理由が,違法な差別を偽装する口実に過ぎないことを立証する,という枠組で意図的差別の有無が判断される。

差別的効果理論は,差別禁止により保護される集団に対する重大な不利益な差別的効果(差別的インパクト)を立証する判断枠組である。性差別についていえば,表面的には性中立的な制度や行為につき(a)原告が当該制度等が大きく不均衡な排除的効果を一方の性に与えるという差別の一応の立証を行い,次に(b)被告(使用者)が,その制度等が職務に関連し,業務上の必要性に即していることを立証し,(c)原告が,より差別的効果の小さい代替手段を使用者が知りながら,採用しなかったことを立証するという判断枠組となる。

これらの判断枠組において,妊娠・出産を理由とする差別は,後述の妊娠差別禁止法(Pregnancy Discrimination Act.以下"PDA")により,第七編上の性差別と位置付けられており,次にみるように,多くの場合,差別的取扱理論により差別が立証される。

なお,連邦法上には母性保護規制は存しないが,州法で産休制度等,母性保護を定めることは禁止されないと解されている(後述 Cal Fed 事件参照)。

(2) 直接的な性差別(明白な性差別)としての妊娠差別規制

(a) 直接的な性差別(明白な性差別)としての位置付け　1978年の妊娠差別禁止法の立法まで,連邦最高裁判所は,妊娠差別を性中立的事由による差別だとしていた。

たとえば,1976年の Gilbert 事件連邦最高裁判決では,使用者が,その従業員全員を業務に起因しない病気・事故により就労できなかった場合に給付される保険に加入させていたが,当該保険制度が,妊娠で就労できない場合を保険の対象外としていたことが,性差別となるか否かが争われた。連邦最高裁は,

---

14) General Elec. Co. v. Gilbert, 429 U.S. 125 (1976). 邦語文献として,中窪裕也『アメリカ労働法〔第2版〕』(弘文堂,2010年)195頁以下等。

個別報告③

問題とされた保険制度について，男女の双方について，保険でカバーされるリスクが同じである（同じ病気・事故をカバーしている）以上，表面上は差別的でないとし，女性への差別的効果の立証もないことを理由に，性差別の成立を否定した。

この Gilbert 事件連邦最高裁判決と，同判決と同様に妊娠差別は明白な性差別でないという前提を採った1977年の Satty 事件連邦最高裁判決[15]を覆すため，1978年立法の PDA は，妊娠者は「労働する能力又は不能力において類似する他の者と同様に取り扱」わなければならない，と規定し，妊娠差別は明白な性差別と位置付けられた。この規定は，妊娠差別の有無の判断基準となる比較対象者を，就労能力において類似する非妊娠者であると規定したものである。一般的に，妊娠以外の傷病による一時的就労障害者がそのような比較対象者に該当すると解されている。この PDA の立法により，妊娠差別に差別的効果理論を適用する余地が完全に否定された訳ではないが，その射程は狭まっている。差別的効果理論が適用された事例でも，差別的効果を判断するための比較対象集団は，女性労働者・男性労働者という集団でなく，妊娠者・非妊娠の一時的就労者という集団とされる例が少なくない。[16]

(b) 直接的な性差別（明白な性差別）としての妊娠差別規制の問題点

PDA の設定する比較対象者につき，いくつかの疑問点が示されている。

疑問点の一つは，比較対象者である傷病者に対しては傷病休暇を設けず，妊娠者向けの産休を与える取扱いが可能か否かということ，すなわち妊娠者への有利な取扱いが可能かということであった。

就労能力において類似する非妊娠者と同一に扱わなければならない，という妊娠差別禁止法の文言から，比較対象者たる傷病者に休暇がない以上，妊娠者にだけ産休を付与することは許されないとの解釈（"equal treatment" 論とも呼ばれる）もありうる。これに対し，妊娠には特別な保護が必要な側面があり，よ

---

[15] Nashville Gas Co. v. Satty, 434 U.S. 136 (1977).
[16] Maganuco v. Leyden Community High Sch. Dist. 212, 939 F. 2d 440 (7th Cir. 1991) 等。詳細につき，富永晃一「比較対象者の視点からみた労働法上の差別禁止法理（6・完）――妊娠差別を題材として」法協127巻11号（2010年）51-52頁。

り厚い保護を認めてもよい，という考え方（"special treatment"論とも呼ばれる）も主張され，これら両説の間には激しい論争があった（発端となった事件名にちなんで，Miller-Wohl論争とも呼ばれる）。

　傷病者への傷病休暇付与を義務付けず，妊娠者に対する産休付与を使用者に義務付けた州法の第七編違反性が争われた1987年のCal Fed事件[17]において，連邦最高裁判所の法廷意見は，妊娠差別禁止法が，妊娠への取扱いにつき，下回ってはならない最低基準を定めたが，上回ってはならない上限を定めたものでないとした原審の結論を支持し，また企業は傷病者にも同様の休暇を設けることで連邦法（第七編）・州法双方の要請をみたしうるとして，州法による妊娠者への産休付与の義務付けは，公民権法第七編により先占されていない（認められうる）とした。この判決の立場によれば，妊娠者の優遇は，一応は禁止されないということになる。しかし，法廷意見の述べるように，妊娠差別禁止法による比較対象者設定は最低限度の基準だとすれば，それより高い水準の保護が求められる場合もあるのではないかという疑問や，上限なく優遇しても構わないのか，といった疑問が生じうる。

　これと関連して，胎児保護を理由とする（不利益を伴いうる）異別取扱いの当否も問題とされた。連邦裁判所は，そのような胎児保護等を理由とする特別の保護の可否について，1991年のJohnson Controls事件[18]で判断を示した。この

---

17) California Fed. S & L v. Guerra, 479 U.S. 272 (1987). 邦語文献として，奥山明良「妊娠した女性被用者のために出産休暇および休暇後の復職を使用者に義務づけているキャリフォーニア州法は1964年公民権法第7編に違反しないとされた事例——California Federal Savings and Loan Association v. Mark Guerra,— U.S. —, 107 S. Ct. 683 (1987)」アメリカ法1988(2)361頁（1988），釜田泰介「「性による優遇扱い」とCivil Rights Act第7編（アメリカ合衆国憲法制定200年と人権）：California Federal判決の問うもの」同志社アメリカ研究24号（1988年）57頁，相澤美智子「労働者の妊娠・出産保護をめぐる新たな議論へ向けて」東京都立大学法学会雑誌第41巻第1号（2000年）222-226頁，中窪・前掲注14)書222-223頁等。

18) Automobile Workers v. Johnson Controls, 499 U.S. 187 (1991), 499 U.S. 187 (1991). 邦語文献として，清水隆雄「胎児に悪影響を及ぼす職」ジュリスト984号（1991年）180頁，根本猛「アメリカ法にみる母性保護と男女平等」静岡大学法経短期大学部法経論集67・68号（1992年），池添弘邦「危険有害業務への就労制限と性差別」労旬1325巻（1993年）29頁以下，相澤・前掲注17)論文226-230頁，日本労働研究機構編『諸外国における女性労働者の母性保護』〔池添弘邦〕（日本労働研究機構，2002年）110-111頁，中窪・前掲注14)書222頁等参照。

個別報告③

事件では，使用者が，鉛に被曝する職場について，胎児や生殖機能への有害性を理由として，妊娠可能な女性を就業させないという胎児保護制度を採っており，それが第七編違反の差別となるかが争われた。最高裁は，この制度上，胎児・生殖機能に危険な職場に就業する場合に，女性には生殖能力がないことの証明を求め，男性には求めないことは，男女に別の基準を定める点で明白な差別だとし，妊娠差別禁止法からも性差別であることは明白だとした。そうすると，差別的効果理論や差別的取扱理論における差別意思の推認の判断枠組は採れないこととなり，BFOQによる正当化が問題となるが，具体的なBFOQの判断では，労働者自身の安全性は職務の本質でなく，また胎児の安全確保も母親に委ねられるべき事項であって，BFOQに該当しない，と述べ，鉛に被曝する職場から妊娠可能な女性を外すことは許されないと結論づけた。

このJohnson Controls事件では，使用者は不必要に広い範囲の女性を有害な職場環境での就労から排除していた等の事情があり，性差別の存在は肯定し得たと思われる。しかし，妊娠・出産を理由とする異別取扱いは明白な性差別であり，胎児保護もBFOQとならないとする同判決の一般論から，使用者は，妊娠者に対する特別の保護の必要性を配慮する義務までは負わない（配慮しなくとも性差別でない），と理解されるようになった。結果として，妊娠・出産する女性に対するPDAによる強行的な保護水準は傷病者と同程度でしかなく，不十分な場合も多い。そのことに対する性中立的な対処として，1993年に家族・医療休暇法（Family and Medical Leave Act）が立法されたが，十分でないと指摘される。

さらに，比較対象者たる傷病者の不明確性・立証困難の問題もみられる。たとえば，業務に起因する傷病者には負担の軽い作業への配転が認められ，業務外の傷病者にはそのような配慮がなされていない場合，比較対象者となるべき者はいずれなのか，下級審ではなお判断が分かれている[19]。また，下級審では，遅刻や欠勤の見込みを理由とする妊娠者の解雇につき，妊娠・出産の場合と同様の比較的長期の有給傷病休暇を取得する見込みの者との比較対象者の立証が

---

19) Urbano v. Continental Airlines, Inc., 138 F. 3d 204 (5th Cir. 1998), Ensley-Gaines v. Runyon, 100 F. 3d 1220 (6th Cir. 1996).

欠けるとして差別立証を認めなかった事例もみられる[20]。

Ⅲ　検　　討

1　手段としての差別禁止法理の特徴

労働法の分野において，具体的な事件に適用される準則としての差別禁止規定は，他の（差別禁止規定以外の）労働者保護規定と同様，一定の基準を下回る使用者による労働者への取扱いを禁止する。ただし，この差別禁止規定の特徴の一つは，その差別禁止規定に違反したか否かの判断基準が，数値等で客観的に定められているのでなく，「比較対象者の取扱い」として相対的に定まることである。たとえば，典型的な労働者の保護規制である最低賃金規制での判断基準は，一定額に決められた最低賃金額であり，その最低賃金額を下回る賃金が禁止される。これに対し，性差別禁止の趣旨での男女同一労働賃金規制の判断基準は，比較対象者である「同一労働に従事する異性の賃金」であり，これを下回る賃金が禁止される。

2　完全に類似する比較対象者が存しない場合の比較対象者の設定

通常，判断基準となる，類似する状況にある比較対象者は，差別禁止事由の趣旨から比較的容易に見出しうる。性差別禁止を例に採ると，傷病で就労できない女性労働者の比較対象者は，傷病で就労できない男性労働者である。しかしそのような同じ状況にある比較対象者が当然には存しない場合，たとえば性差別により妊娠差別を禁止しようとする場合，その法制固有の雇用慣行や，歴史的な問題状況の文脈からみて類似する者が比較対象者として設定されることになる。本稿でみたように，ドイツ法・アメリカ法では，ともに妊娠差別を直接的な（明白な）性差別としているが，異なる比較対象者を設定したため，保護の内容が異なっている。

ドイツ法では，明示的ではないが，通常の労働者が比較対象者として設定さ

---

20) Troupe v. May Department Stores Co., 20 F. 3d 734 (7th Cir. 1994).

個別報告③

れていると考えられる。これは，ドイツ法では，母性保護法による妊娠者等への保護が及ぶ前段階である，採用時の妊娠質問の可否が妊娠差別に係る典型的な問題となっており，欧州法の影響で妊娠について質問すること自体が差別だとされたためである。これに対し，アメリカ法では，一時的就労障害者が比較対象者として設定された。アメリカで当初，妊娠差別が問題となったのは，傷病者は保険でカバーされるのに，妊娠者のみが除外されるという取扱いについてであり，その文脈での対応として一時的な傷病者が比較対象者とされたためである。

各法制の固有の背景としては，各法制の雇用慣行の違いも挙げられる。先にみた，Tele Danmark事件ECJ判決以前のECJの諸判決と2003年のBAGの判決では，無期雇用のポストについて，短期的・一時的な就労障害である妊娠を理由とした採用拒否や解雇は認められないと判断されていた。これは，長期の労働関係と，そこでの長期的にみた労使間の給付均衡が存在することを前提とするものである（ただし，先にみたように，Tele Danmark事件を機に，ECJはこの考え方を放棄した）。

これに対し，アメリカ法は，無期雇用等の長期の労働関係の存在を前提とせず，おそらくは随意雇用原則を背景に，より短期的な給付均衡を重視する傾向がある。妊娠差別の判断基準を，その時点での妊娠者と同様の就労能力である傷病者の取扱いとすることは，この背景に親和的である。

3 比較対象者の「ずれ」の問題点

(1) 差別禁止規定による過剰保護・過少保護

妊娠差別は，性差別としてみる限りでは，類似する比較対象者が存しない場合に該当し，各法制では，その法制の雇用慣行や問題状況等の文脈に基づいて，異なる比較対象者を設定した。これらの比較対象者は，あくまでその法制の雇用慣行・問題状況（たとえば，私傷病の保険給付からの妊娠・出産のみの除外への対処）等を背景に設定されたものに過ぎず，設定時と異なる問題状況（たとえば，妊娠者への産休付与や危険な職場からの除外への対処）においては，必ずしも妥当な帰結を導くとは限らない。設定時と異なる問題状況では，当該設定された比

較対象者によりもたらされる保護水準と，差別禁止法理で保護される者の実際の保護の必要性からみて妥当と思われる保護水準の間に「ずれ」が存在し，その「ずれ」の大きさに応じた過剰保護・過少保護という不都合な帰結が生じるためである。

　本稿で管見したように，ドイツ法とアメリカ法では，それぞれ異なる形での過剰保護ないし過少保護の問題がみられた。ドイツ法や，ドイツ法に影響を与えた ECJ 判決の例でいえば，長期的な雇用関係を前提とすれば，一時的な就労不能は妊娠者差別の理由とならないから，妊娠を考慮することは許されない（妊娠質問自体が許されない），として通常の就労能力の労働者を妊娠者の比較対象者とすることは，一定の合理性を認めうる。しかし，Tele Danmark 事件 ECJ 判決のように，短期的な有期雇用のポストで，労働者が妊娠・出産のため契約期間の大部分について就労できないという場合にも，一切妊娠・出産を考慮すべきでない，とすることは過剰保護であり，（性差別の抑制の観点からみても）女性一般にまで差別を拡散するという，望ましくない帰結を招く危険性が指摘される。また，アメリカ法の例でみるように，保険からの妊娠・出産のみの除外という問題への対応としての，一時的就労不能者（傷病者等）という比較対象者の設定は，障害者以外の一時的な傷病者に対して特段の配慮が義務付けられていないアメリカにあっては，妊娠者への差別禁止による保護水準が低劣なものとなる過少保護の危険性があり，また胎児保護のための有害な職場への就労制限等の，妊娠への特別の保護の必要性を配慮する異別取扱いをも否定する帰結をももたらす。さらに，保険制度による取扱いについては，具体的な比較対象者の立証を要せず，一般的・抽象的に差別を立証しうるが，それ以外の，制度として確立しているとはいえない個別具体的な取扱いに関する差別の判断においては，そもそも比較対象者たるべき一時的就労不能者自体が不明確な場合があったり，立証が困難だったりという問題も生じうる。

　(2)　差別禁止規定の相対化という対処の危険性

　このような比較対象者の「ずれ」に伴う過剰保護や過少保護の問題について，特に保護水準が低すぎる場合への対処として，差別禁止法理を，マイノリティの不利益取扱いの禁止という片面的なものと位置付け，妊娠者の優遇は可能と

解したり，差別禁止は形式的でなく実質的に等しい取扱いを求めるものであり，異別取扱いこそが差別禁止に適うと解したりして，「差別禁止」の内容を相対化させる考え方もみられる。

しかし前者の対処には，人種や性別等に関する偏見から個人を保護すべき差別禁止法理が，却って人種や性別等の一般的分類基準による犠牲者を作り出す危険性がある（逆差別）。後者の対処も，一定程度明確で実効性の高い具体的な準則としての差別禁止を，一般条項的・抽象的な原理としての平等原則へと変質させ，社会に広く流布する偏見から個人を守るという差別禁止の重要な意義を没却させかねない。抽象的な一般条項での判断は，結局は社会通念に依拠することになる危険性が高いためである。

(3) 差別禁止法理の射程の限界

ある状況を理由とする不利益取扱いを，類似する状況にある比較対象者がいないにもかかわらず，差別禁止法理により規制しようとする場合，ある問題局面については適切な比較対象者を差別の成否の判断基準として設定できるとしても，他の問題局面における差別の成否の判断基準として，その同じ比較対象者の設定をそのまま用いると，当該他の問題局面においては，必ずしもその同じ比較対象者が適切な保護水準をもたらすものでない場合があり，過剰保護や過少保護の弊害を生じさせることがある。たとえば，適切な比較対象者が存しない局面がありうるのに，性に関連するという理由のみで妊娠差別を直接的な性差別と位置付けることは，アメリカとドイツの例をみた限りでは，その過剰保護・過少保護の発生の危険性を高めるように思われる。また，妊娠差別を直接的な性差別とする場合には，差別の正当化の余地が厳格に制限されるため，そのような，比較対象者が不適切な局面における柔軟な対処が困難となる。

そのため，（直接的な）差別禁止という手法の有効性・妥当性は，適切な比較対象者の設定の有無にかかっていると思われる。適切な比較対象者が全く設定できない局面では，差別禁止法理による規制は，往々にして，過剰保護や過少保護をもたらす。そのような局面では，不適切な比較対象者が用いられることになるが，そのような比較対象者は，差別禁止法理により保護される者とは，要保護性や，労使の給付の均衡のあり方からみると，保護される者とは「等し

くない」のにもかかわらず，形式的に「等しく」扱われてしまうためである。

そのような弊害を避けるためには，少なくとも適切な比較対象者が見出せない局面では，何らかの形で「等しくない者をその相違に応じて等しく扱う」という均衡取扱い，あるいは比例的取扱いの考え方に拠らざるを得ない（そのような均衡取扱いの考え方は，場合によっては，間接差別法理の構成に取り込みうる）。ただし，明確な評価軸が見出せない場合，均衡取扱いの考え方は社会通念に強く依拠することになり，一般条項的な性格を強く有することにも留意すべきである。

(4) 対処の方向性

ある状況を理由とする不利益取扱いを，類似する状況にある比較対象者がいないにもかかわらず，差別禁止規定により規制しようとすることは，比較対象者の設定が不適切となりやすいため，過剰保護・過少保護等の弊害を生じやすい。そのため，そのような場合の差別禁止規定による直接的な規制には慎重であるべきであるというのが，本稿の一応の結論である。望ましい規制のあり方等や差別構成の如何について，本稿では十分な検討を期し得なかったため，それらの詳細な検討は別稿に譲ることとし，以下では現時点での私見を簡単に述べる。

そもそも差別禁止法理による保護は，最低限の保護水準を保障するものとは限らない。そのため，たとえば一方の性にのみ関係する妊娠という状況を理由とする不利益取扱いを規制しようとする場合についても，性特殊的な最低限の保護を個別的に法定することは認められるべきである。その上で，最低限の水準はみたすが，不当と思われる取扱いについては，不適切な水準での保護をもたらす危険が大きい，直接的な性差別という位置付けは避け，当該状況自体（妊娠等）による不利益取扱いの問題とみて，適切な比較対象者や適切な保護水

---

21) 妊娠差別については，たとえば，長期の雇用関係が存し，したがって長期的には労使間の給付の均衡がある場合で，一時的な就労不能に関係して雇用保障が問題となるときには，通常の労働者を妥当な比較対象者として用いて，妊娠者と非妊娠者の差別禁止として規制することが可能である（長期的にみて，通常の労働者を当該妊娠者と「等しい者」とみることができる）。これに対し，長期の雇用関係がない場合，あるいは短期的な給付の均衡を保つ必要がある場合には，一時的就労障害者を比較対象者として設定すべきではないかと思われる。

準を見出し、あるいは非妊娠者との異別取扱いがどの程度許容されるか、という均衡取扱いの観点を採ることにより対処すべきである(そのことにより、直接性差別として規制する場合の弊害の一つである、立証不能の危険性も小さくなる)。そして、両性の平等実現に適う規制となるよう、これらの最低限の保護水準や、妊娠者差別とみる場合の比較対象者・保護水準の設定が妥当か否かを、間接的性差別禁止法理の観点を参照して審査すべきである。

　これは、現在、日本法の採るアプローチに近い。現在の日本の妊娠差別規制は、妊娠差別を直接性差別と位置付けることにより生じやすい比較対象者の「ずれ」とその弊害の問題を回避している。もっとも、日本法には、その反面として、性差別との関係等が理論的に不明確であったり、また採用段階等が規制対象外であること、社会通念に依拠しがちで現状を変える実効性が乏しいこと等の問題点も指摘されうるが、これらの点の詳細な検討も、別稿に譲ることとしたい。

(とみなが　こういち)

有期労働契約の法規制のあり方に関する比較法的検討
―― 日本・中国・ドイツを比較して[1] ――

烏　蘭　格　日　楽

(追手門学院大学)

I　問題状況

　今日，日本においては，典型雇用と非典型雇用との処遇格差が問題となっている。雇用の中心を担う典型雇用とは，使用者との間で期間の定めのない労働契約を締結している正社員である。他方，非典型雇用とは，アルバイト，パート，臨時工，派遣労働者，契約社員などの総称であり，その多くが，使用者との間で有期労働契約を締結している労働者（有期雇用労働者）である。

　有期労働契約についての現行法制度をみると，契約期間の上限規制（労基法14条）[2]，契約期間中の解雇に対する制限（労契法17条1項，民法628条），および労基法14条2項に基づいて策定された「有期労働契約の締結，更新及び雇止めに関する基準」（以下，「基準」）[3]などわずかな規定しか存在しない。このような法制度のもとで，有期労働契約は合意された期間の満了によって終了するため，解雇権濫用法理（現在の労契法16条）によって解雇が制限されている無期雇用の労働者との間で，雇用保障の面で大きな差が生じ，雇用の不安定さが問題視されてきた。

　実際，有期労働契約をめぐる法的紛争のほとんどは，有期労働契約の反復更

---

1) 有期労働契約のあり方をめぐる日本，中国，ドイツの3つの国のそれぞれについての論考は相当数にのぼるが，本稿では紙幅の関係上，最小限の引用しかしていない点を予めお断りしておきたい。
2) 最近の論考として，たとえば，奥田香子「有期労働契約」西谷敏・根本到『労働契約と法』（旬報社，2011年）295頁以下において，詳細な検討がなされている。
3) 平成15年10月22日厚労告357号，平成20年1月23日厚労告12号により一部改正。

個別報告④

新後の雇止めの効力について争ったものである。そして，現在は，有期労働契約の反復更新後の雇止めは，その契約関係が「実質的に期間の定めのない労働契約と異ならない状態で存続している場合」，あるいは，「雇用契約への期待に合理性が認められる場合」には，解雇に関する法理が類推適用される（現在の労契法16条）[4]，という雇止め法理が確立されている。同法理は，解雇法制との整合性を図りつつ，長い間，使用者による恣意的な雇止めを制限し，有期雇用労働者の雇用保障を図ってきた。しかしながら，この法理には，次のような問題がある。第1に，判例法理では，期間が明確に定められていた契約が，どのような事実があれば，またどの時点から期間の設定が意味を失うのか，なぜ使用者による雇止めが解雇と同視し得るのかなど，理論的に不明確な点が多い。第2に，雇用継続への合理的期待については「当該雇用の常用性・臨時性，契約期間の管理状況，雇用継続の期待をもたらす言動・制度の有無，更新の回数，雇用の通算期間」など諸要素の総合判断によるため，予測可能性が低い。第3に，雇止めが違法であれば（有期であるとはいえ）地位確認まで認めるという救済策は，この問題に対する柔軟な解決を阻む側面があることも否定できない。

学説では，比較的早い段階から，この問題を解決するための様々な理論構成が展開されていたが，必ずしも成功したとはいえず，現在はむしろ立法による解決を求める見解も強くなっている。厚生労働省の委託で設置された有期労働契約研究会においても，その最終報告書（平成22年9月10日）は，有期労働契約の不合理・不適正な利用を防止するとの観点から，契約の締結時から終了に至るまでを視野に入れた，有期労働契約についての法整備の必要性を説いている。

筆者は，有期労働契約についてどのような法政策をとるかは，雇用システム全体をみたうえで判断すべきものであり，労働者保護の観点から一方的に規制を強化することも，また，雇用の柔軟性を求める企業のニーズに一方的に応えることも不十分であると考える。本稿では，このような問題関心にもとづいて，中国およびドイツの有期契約法制の展開やその背景事情に注意を払いつつ比較検討を行い，日本における有期契約法制のあり方について一定の試論を提示す

---

4) 東芝柳町工場事件・最一小判昭和49・7・22民集28巻5号927頁，日立メディコ事件・最一小判昭和61・12・4日労判486号6頁。

ることを試みたい。

II　中国の有期労働契約法制

1　労働契約制度の導入と有期労働契約の定着（1980年代〜2008年まで[5]）

　中国では，1950年代中ごろの社会主義確立期に政府の統制によって統一的計画的に国営企業（1992年以降は国有企業という）と集団所有制企業に「固定工」制度が実施された。「固定工」制度とは，原則として，すべての労働力が国によって国有企業に統一的に分配され，労働条件についても国家が統一的に決定するというものであり，その後，徐々に定着していった。したがって，1978年ごろの「改革開放」政策の実施によって市場経済が導入されるまで，中国では，労働市場は存在しなかったし，労働法も存在しなかったのである。

　「改革開放」政策とは，計画経済システムから市場経済システムへの転換を図るものであり，その転換の際に，終身雇用の硬直的な固定工制度が，経済発展の妨げとなることが懸念された。こうして，1980年代初めごろから，企業に募集採用の自由および雇用の解消について柔軟性を与えることを目的として，労働契約制度が導入されることとなった。労働契約制度の実施は，従前の固定工制度を根本的に改めるものであり，必然的に解雇や雇止めなどをともなうものであったが，制度の過渡期において，中国では「下崗」という一種の休業制度が実施された。「下崗」とは，労働者の当該企業での従業員としての地位は保留されるが，賃金は支払われず，比較的長期間（一般的に3年）離職させる制度である。制度転換期において，こうした実体のない労働関係のもとにおかれていた「下崗人員」は多数にのぼり，後にその多くが失業者となった。当時，

---

5) この点については，主に次の文献を参照。董保華『労働法論』（世界図書出版社，1999年），労働部労働科学研究所編『中国労働科学研究報告集（1994年〜1996年）』（中国労働出版社，1998年），中国労働社会保障部労働科学研究所編『中国労働科学研究報告集（2000年〜2001年）』（中国労働社会保障出版社，2002年），山下昇『中国労働契約法の形成』（信山社，2003年），拙稿「有期労働契約に対する法規制のあり方に関する日本・中国・ドイツの比較法的分析――「契約の自由」はどこまで認められるべきか――」神戸法学雑誌56巻4号（2007年）164頁以下，同「中国における『非正規雇用』に関する法規制の展開」アジア法研究3号（2009年）21頁以下。

個別報告④

これら「下崗人員」および失業者に対する生活保障または再就職を図ることは，中国の改革開放政策の成否の鍵を握る事柄となっていた。そこで，政府は，経済発展によって就業機会を増やすことを目的として，積極的な就業政策を打ち出した。1990年代初めごろから実施された「再就職プロジェクト」がその中心であり，パートタイム労働（「非全日制用工」），期間雇用，労働者派遣（「労務派遣」）など様々な雇用形態による雇用の促進が目指されたのである。

他方，労働契約制度の導入とともに，労働法制の整備も進められた。その中心をなすのは，1995年1月1日に施行された「労働法」である。同法によれば，労働契約は期間の定めのない労働契約，期間の定めのある労働契約，および一定の事業の完了を目的とする労働契約の3つの類型に分類される。労働契約に期間を設けることについての規制はなく，当事者が自由に上記の3つの類型の契約のいずれかを選択できた。また，有期契約の期間の長さや更新回数等に関する規制も存在しなかった。さらに，当時の法制度のもとでは，無期雇用労働者の解雇の場合，使用者は労働者の勤続年数に応じて1年につき1ヵ月分の賃金相当額の経済的補償の支払義務を負うが，有期雇用についてこうした規制は存在しなかった。ただし，有期契約の中途解除は解雇法制に服するとされ，使用者に経済的補償の支払義務が課されていた。

このように，労働契約制度導入後の中国では，緩やかな法規制によって多様な雇用形態による雇用の促進が政策的に推進され，そのなかで，有期労働契約を中心とした雇用システムが形成・確立された。このような有期雇用の利用によって雇用の柔軟化が図られ，深刻な失業問題の克服に大きな役割を果たし，マクロ的には社会の安定と経済発展に貢献したとした評価が一般的である。

2　立法による規制——労働契約法の制定[6]

労働契約制度の導入当初は，期間を3年ないし5年とする契約が多かったが，

6）　この点については，主に次の文献を参照。王全興「労働合同法実施後的労働関係走向」深圳大学学報2008年第3期，董保華「労働合同法中経済補償金的定性及其制度構建」河北法学26巻第5期（2008年），山下昇「中国労働契約法の内容とその意義」日本労働研究雑誌576号（2008年）35頁以下，拙稿「中国における労働契約法の概要」労旬1661号（2007年）36頁以下。

その後，使用者は解雇（有期労働契約の中途解雇を含む）の際の経済的補償を避けるために，契約期間をできるだけ短くしようとした。その結果，1年未満の有期契約が増えることとなり，雇用が不安定になっていった。こうしたなか，2007年に労働契約法が制定され（施行は翌年），有期労働契約についても重要な法改正が行われた。

まず，有期契約の締結および期間についての規制がないのは従来どおりであるが，有期契約を連続して2回更新した場合，および，雇用期間が全体で10年を超えた場合には，当該契約は，労働者の請求があれば無期契約に転換される（14条2項）。この更新回数の算定については，同法施行後（2008年）に締結された契約のみが対象となる（97条）。他方で，「10年」という雇用期間については，当該労働者の雇用された日から起算して，労働契約法施行前の勤続年数も含まれる（労契法実施細則9条）。ただし，10年に到達する直前にいったん雇止めをし，その後一定の期間をおいて再び有期で採用することについて，法律上は特段の制限がなく，今後，この点をめぐる紛争が生じる可能性がある。[7]

次に，契約期間中の解除については，「労働法」上の規定が維持されている。つまり，有期雇用の場合でも，労働者は30日前の書面予告によって辞職できる（37条参照）。他方，使用者による契約期間中の解雇は，一般の解雇規制に基づき経済的補償の支払いが義務づけられる。労働契約法では，このような経済的補償の義務を，有期雇用の期間満了による終了の場合にまで拡大された。すなわち，有期労働契約は期間の満了によって終了する（44条）が，使用者は，労働者に対して経済的補償をする義務を負うことになった（46条参照）。具体的には，使用者が労働条件を維持・改善する契約更新の申込みをしたにもかかわらず，労働者がこれを拒否したという場合を除き，使用者は当該義務を負う。[8]有期労働契約の満了時の経済的補償も，解雇の場合と同様に，雇用喪失に対する

---

7) 同法制定後，2007年末に，企業においては，労働者の勤続年数を「ゼロ」にするために，有期契約の雇止めをしたり，さらには，労働者派遣への切替などが行われ，社会的な問題となった。2008年以降は，期間を3年または5年とする有期契約が増えていることが明らかとなっているが，これは本文で述べたように，更新回数や雇用期間の制限および有期労働契約の期間満了によって終了する場合にも経済的補償が義務づけられたことと関係しているであろう。なお，同法の評価についてはこれからの実態を見極める必要がある。

個別報告④

補償と解され、その額は、勤続年数に応じて1年につき1ヵ月の賃金分として計算される（ただし、上限はある）。

その他、「労働法」上の規定と同様に、有期労働契約を含めすべての労働契約は書面によって締結されなければならない（10条）が、労働契約法においては、書面契約を締結しなかった場合の罰則が強化されている。つまり、労働者の労務提供日から1ヵ月以内に書面契約を締結すれば罰則はないが、1ヵ月以上1年未満の間に書面契約を締結しなかった場合、労働者に対して毎月2ヵ月分の賃金を支払わなければならない。さらに、1年経過しても書面契約を締結しなかった場合、当該契約は無期契約とみなされ、使用者がこの期間の定めのない労働契約を締結しないときは、毎月2倍以上の賃金を支払う義務を負う（10条、14条3項、82条参照）。

3　中国の有期労働契約法制の特徴

以上でみた中国の有期契約法制の特徴は、次のように整理できる。まず、歴史的にみれば、新中国の建国後、労働力はすべて国有企業に統一的に分配され、硬直的な雇用形態である「固定工」制度がとられていた。しかし、市場経済への転換に際して、この「固定工」制度は経済発展の妨げになると考えられ、雇用の柔軟化を図る目的で有期契約の活用が広く認められることとなった。こうした政策のもとで、当初は、有期雇用についても特別な規制は皆無に等しかった。しかしその後、解雇法制の適用を免れるために有期雇用を利用し、かつ、その契約期間が短期化する例が増え、雇用の不安定化が問題となるなかで、こうした流れを防止し雇用の安定化を図るために、いわゆる出口規制が導入されるに至った。

現在、中国法では、従前どおり有期契約の締結についてはほとんど規制がない（契約締結の書面化の規制のみ）が、その一方で、契約の終了については規制

8）　なお、同条にいう「労働条件の維持・改善」の具体的な意味・内容については必ずしも明らかではない。たとえば、経済成長が著しく、物価も上昇し、最低賃金が年々引き上げられている中国において、現状維持の更新申込は、事実上、労働条件の低下をもたらすこともあり得る。そこで、労働者が更新拒否をしたことを理由に経済的補償が当然に支払われないことになるのか、今後の展開が注目される。

が強化されている。つまり、法律上、解雇について経済的補償制度が設けられていることとのバランスを考慮し、有期契約の期間満了による終了においても、使用者は労働者に対して経済的補償義務を負うとされているのである。一方、一定の更新回数か雇用期間を超えれば無期契約に転換するという規制はあるが、雇用期間の要件は10年とかなり長期となっている。

これらの点を考慮に入れると、中国では、法政策として期間の定めのない労働契約へのシフトが図られているとはいえ、当分の間は、有期労働契約の締結そのものには抑制的でないと評価することができる。その一方で、有期労働契約で働く労働者の保護として、勤続期間に応じた経済的補償を義務づけることや更新回数の上限を設定して、細切れの更新がなされないようにすることを定めたとみることができる。

III　ドイツの有期労働契約法制[9]

1　判例による規制

ドイツでは、当初は、労働契約に期間を定めるかどうかは当事者の自由とされていた。しかし、1951年の解雇制限法（KSchG）の制定により、無期契約労働者への雇用保障が図られるなかで、有期雇用の反復継続による「連鎖契約（Kettenbefristung）」が解雇制限法を回避（Umgehung）するものとして問題視されるようになった。そこで、連邦労働裁判所（BAG）は、「有期労働契約の締結には客観的な理由（sachlicher Grund）の存在を要し、それを欠く場合には無期雇用とみなす」という法理を打ち出して[10]、有期雇用の締結について規制を加えた。

---

9) ドイツ法については、主に次の文献に負う。*Löwisch,* Arbeitsrecht, 8. Aufl., 2007, S. 354ff. *Ulrich Preis,* Arbeitsrecht, Individualarbeitsrecht, 3. Aufl., 2009, S. 906ff. 川田知子「有期労働契約に関する一考察（一）（二）（三・完）——有期労働契約の法的性質と労働契約法制における位置づけ——」亜細亜法学40巻1号（2005年）127頁以下、41巻1号（2006年）37頁以下、42巻1号（2007年）35頁以下など。
10) BAG 12.10.1960 AP Nr.16 zu §620 BGB Befristeter Arbeitsvertrag.

2 立法による規制

しかし、このような判例法理による規制は、立法によって緩和されることとなる。その背景には、経済グローバル化の進展や、東西ドイツの統一による社会経済体制の再編成の過程で、失業が深刻化したという事情があった。立法者は、失業問題の打開策として、有期労働契約の締結を容易にするため、1985年就業促進法（BeschFG 1985）および1996年就業促進法（BeschFG 1996）を制定し、新規雇用の場合には「客観的理由」がなくても有期労働契約を締結できるものとした（ただし、雇用期間および更新回数の制限はある）。

その後、パートタイム労働および有期労働契約に関するEC指令（1997/81/EC, 1999/70/EC）の国内法化を図るために、パートタイム労働・有期労働契約法（TzBfG, 2001年1月1日施行）が制定されて現在に至っている。同法は、「柔軟性のある労働組織と労働者の雇用保障とのバランスのとれた関係を築き、企業の生産性および競争力を高めること」を目的とし（1条参照）、有期労働契約について、次のような規定を定めている。

第1に、有期契約の締結には客観的な理由の存在が求められ、その内容については、法律上、一時的な労働力の需要、代替労働など8つの理由があげられている（14条1項）。それと同時に、期間の設定について例外的に客観的な理由を求めない3つの場合、すなわち、①真の新規雇用、②企業の新設および③満52歳以上の失業中の高齢者の採用の場合が規定されている。①の「真の新規雇用」の意味として、「同一の使用者と既に以前有期又は無期の労働関係が存在したときは、許容されない」と明示されるとともに（14条2項2文）、期間設定は2年に限定されている（2年間内には3回までの更新が許容される。14条2項1文）。②については、企業新設後最初の4年間であることと、期間の設定が4年間まで許容される（4年間内には複数回の更新ができる。14条2a項）。③については、年齢に加えて、有期労働関係の開始直前の少なくとも4ヵ月の間に、社会法典第119条第1項第1号にいう失業にあったか、社会法典第2編または第3編に基づき、移行操短手当を受給していたか、または公的な雇用促進措置に参加していたこと、が規定されている。この場合、期間設定の上限は5年とされている（14条3項）。なお、労働協約によってこうした法律上の規制を緩和する

ことは認められている（14条2項第3文および4文）。

　第2に，有期労働契約の締結には書面要件が課される（14条4項）。

　第3に，一定の場合に，無期契約とみなされる「みなし規定」が定められている。つまり，期間の設定について客観的な理由が欠けている場合や例外要件を満たしていない場合，および，書面要件に違反した場合には，期間の設定が無効となり，当該契約は期間の定めがないものとみなされる（16条）。また，有期労働契約が合意された期間の満了，または目的の達成によって終了した（15条1項および2項）後，使用者がこれを知りながら契約を継続した場合には，当該労働関係は期間の定めのなく延長されたものとみなされる（15条5項）。

　第4に，同法には，次のような保護規定もある。すなわち，使用者が，労働契約の期間の定めを理由として，有期雇用労働者が期間の定めなく雇用されている比較可能な労働者との間で差別的取扱いをすることの禁止（4条2項）や，使用者が，無期契約の労働ポストに関する情報を有期雇用労働者に提供する義務（18条），および，使用者が，有期雇用労働者が適切な職業訓練および継続職業訓練措置に参加できるよう配慮する義務（19条）が規定されている。

3　ドイツの有期労働契約法制の特徴

　以上でみたドイツの有期契約法制の特徴は，次のように整理できる。ドイツでは，当初は有期雇用の利用も原則的に認められていたが，無期雇用に対する解雇規制の発展にあわせて，その潜脱を防止するために，判例によって期間の設定に合理的な理由が求められるようになった。しかし，1980年代以降，失業問題を克服するために立法によって規制緩和がなされた。

　そして，現行法では，BAG判決による契約の期間設定に「客観的な理由」を求めるという考え方が維持される一方で，有期雇用の利用事由が緩和されてきている。他方，有期雇用に対する保護として，情報提供義務や職業訓練配慮義務などの無期契約への誘導措置とならび，均等待遇などの規制により労働条件の向上を図ること，さらには，その反復継続を制限するという出口規制が導

11）　職業訓練は，有期雇用労働者に技能形成の機会を与えるという点で，無期雇用への転換をサポートする意味があると考える。

個別報告④

入されている。

　以上要するに，ドイツの有期労働法制について，今後の展開を予測することは容易でないが，これまでの改正経緯からすれば，有期契約の締結自体を制限する考え方は後退し，均等待遇規制などで労働条件の改善を図ることとならんで，雇用保障に関しては，一定の出口規制によって無期契約へと転化させるという方向性が窺える。

Ⅳ　中国法とドイツ法の比較

1　各国の制度の異同

　ここまで検討してきたように，現在では，中国とドイツの両国において，有期労働契約の締結を広く認める方向性がみてとれる。その背景としては，両国において，それぞれの経験のなかで，有期労働契約のもつ雇用創出効果に一定の肯定的な評価がなされていることや，無期雇用以外の多様な雇用形態への要請が高まっているという事情がある。

　しかしながら，両国においては，有期雇用についての考え方自体には，大きな差がある。中国では，労働契約制度の導入以来，有期雇用は政府によって積極的に進められてきたし，それにより有期契約が定着していったことについて，中国社会はこれを肯定的に受け入れているようにみえる。実際，中国では，大卒の正社員として扱われる者でも，有期契約が当たり前で，一般的に，1～3年程度の期間を定めることが多い。他方，ドイツでは，有期雇用という雇用形態が肯定的にみられているわけではない。むしろ，無期契約と比して，雇用保障および労働条件の面で劣るものとして，派遣労働，パートタイム労働，僅少労働とともに非典型雇用に位置づけられている。

　このような違いは，両国の解雇法制の違いにも由来すると考えられるので，以下，この点について検討を加えることとする。

2 解雇法制と有期労働契約
(1) 中国の解雇法制[12]

中国では,解雇(即時解雇,予告解雇,整理解雇)は,法所定の解雇事由に該当する場合にのみ許容される。また,解雇が許容される場合であっても,使用者は労働者に対して勤続年数に応じた経済的補償を行わなければならない。一方,手続的規制として,工会(労働組合)に対する説明および意見聴取の義務があり,さらに工会には異議申立権が付与されている。この手続違反の解雇の法的効果について明確な定めはないが,それを無効と判断した裁判例がある。

しかし,より子細にみれば,中国の解雇規制は,法制度の内容の点でも,運用実態の点でも厳格なものとはいい難い。たとえば,法定の解雇事由である「客観的状況の重大な変化」(「労働法」26条3号)の対象となるのは,事業譲渡や企業所有者の変更のほか,企業経営の悪化なども含まれており,裁判例でも解雇の有効性は比較的広く認められている。さらに,労働契約法(41条)では,「企業が生産転換,重大な技術革新又は経営方式の変更をした場合」や「労働契約締結時に依拠した客観的事情に重大な変化生じた場合」など,整理解雇が許容される具体的事由について,「労働法」上の規定より拡大されている。

効果面に着目すると,法所定の解雇事由を欠く解雇のケースでは,労働者は労働契約の存続の確認を求めることができる。ただし,労働者がそれを望まない場合のほか,労働契約の履行が不可能になっている場合[13]であれば,使用者は,一般的な経済的補償の2倍に相当する額の補償金を労働者に支払うことで,労働契約を終了させることができる(労働契約法48条,87条参照)。

要するに,中国の解雇法制の特徴として,第1に,法所定の事由に基づく解雇では,その合理性如何を問わず,金銭的な解決が可能であること,第2に,

---

12) この点について主に,王全興『労働法学〔第2版〕』(高等教育出版社,2009年)189頁以下,山下昇「中国における労働契約の解約・終了の法規制」季労224号(2009年)32頁以下を参照。

13) ここでいう「労働契約の履行が不可能となった場合」とは,使用者の違法な解雇行為によって当事者間の信頼関係が失われ,労働契約の全面的な履行が不可能となっている場合であると解されている。江平ほか編『中華人民共和国労働合同法 精解』(中国政法大学出版社,2007年)135-136頁を参照。

個別報告④

法所定の解雇事由に該当しない解雇は無効となる余地もあるが，解雇事由そのものが比較的に広く規定されており，こうしたケースは稀であるし，仮に解雇が無効であっても，労働関係の存続が困難な事情があれば，通常の2倍の補償金を支払うことで，解雇の金銭解決の余地が残されていることを指摘することができる。そして，労働契約法が制定される前の「労働法」の時代には，有期労働契約の期間満了による終了の場合には経済的補償がないという点で無期雇用との差異がみられたが，労働契約法の制定によって有期契約の期間満了による終了時にも経済的補償が義務づけられたことにより，有期雇用と無期雇用とで法的保護の差はなくなっている。

(2) ドイツの解雇法制[14]

他方，ドイツでは，比較的早い段階から解雇制限法（KSchG）によって雇用の存続保護が重視されてきた。同法によれば，法の適用を受ける使用者が，6ヵ月以上継続勤務している労働者の解雇を行う場合には，「社会的正当性」の要件を満たさなければならない。社会的正当性の要件は，労働者個人またはその行為に原因がある場合，または，当該事業所において引続き雇用することに支障があるような「差し迫った経営上の必要性」がある場合に認められる。また，被解雇者の選択が社会的観点からみて妥当であるかどうかなどについても審査がなされる。このような実体的規制に加えて，手続面においても，事業所組織法（BetrVG）上，事業所委員会（Betriebsrat）がある場合には，使用者は事前にその意見を聴かなければならないと定められている。

違法な解雇の効果をみると，ドイツでは，社会的正当性のない解雇は無効となる（KSchG 1条）。ただし，解雇無効の場合でも，労働契約の存続を期待できないような場合には，労働者からの申立てにより，あるいは，事業目的に資する協働関係が期待できない場合には，使用者からの申立てにもとづいて，裁判所が労働関係を解消する判決を下すことができる（KSchG 9条）。この場合，

---

14) この点，さしあたり，荒木尚志『雇用システムと労働条件変更法理』（有斐閣，2003年）117頁以下，労働政策研究・研修機構『諸外国の労働契約法制に関する調査研究報告書』（2005年）103頁以下［橋本陽子執筆］，山本陽大「ドイツにおける解雇の金銭解決制度に関する研究——解雇制限法9条・10条の史的形成と現代的展開」同志社法学62巻4号（2010年）357頁以下を参照。

使用者は，勤続年数に応じた補償金を労働者に支払わなければならない（KSchG 10条）。

このように，ドイツでは，金銭解決制度が立法化されているが，それは，裁判所の手続を通じた例外的なものであって，使用者が一方的に利用できるものではない。むしろ，法制度上，解雇は最後の手段（ultima ratio）と位置づけられており，雇用関係の存続保護が重視されてきた。こうした法制度のもとでは，無期契約労働者と有期契約労働者との間で，雇用保障の面で大きな差が生じることになる。

V 有期労働契約の法制度のあり方について

1 比較法からの示唆

本稿で検討対象とした中国およびドイツは，法制度の背景にある雇用慣行や実態が大きく異なるものの，そこには共通した動きもある。それは，どちらの国でも，規制の緩和または強化が一方的に進められているわけではなく，迂回曲折を経て今日に至っているという点である（もちろん，両国とも，有期労働契約を含めた労働契約法制ないし労働市場の改革が近年も継続して行われていることもあり，その帰趨を慎重に見極める必要があることは言うまでもない）。そして，両国の法規制の動きをみてくると，さしあたり次の2つの点を指摘することができると思われる。

第1は，有期契約法制のあり方は，雇用促進政策と関係すると考えられてきたことである。中国，ドイツの両国ともに，1980年〜1990年代には深刻な失業問題に直面していたなかで，雇用創出効果を企図して有期契約法制の緩和を行ってきたのである[15]。

第2は，有期雇用の労働者に対しても，無期雇用の労働者とのバランスを考

---

15) この点，本文で述べたように，中国では，計画経済から市場経済の転換期において有期雇用の利用による雇用創出の効果が明らかとなっている。ただし，ドイツでは，有期雇用法制を緩和しても，失業率が改善したことはなく，雇用創出効果を明瞭に示すデータは見当たらない。

個別報告④

慮した保護が施される必要があり，その保護のあり方は，それぞれの国の労働市場法制，特に解雇法制と密接に関連したものであるという点である。この点，中国では，有期契約の終了（中途解約または期間満了）の場面で，勤続年数に応じた経済的補償が義務づけられているが，これは無期雇用の解雇の場合と同じ義務である。この面では，有期雇用の労働者の保護が劣っているわけではない。他方，ドイツでは，雇用の存続保護という発想が強いため，有期雇用労働者の保護については，無期契約への転化，または無期契約へ誘導する措置が重視されている。

2 まとめ

このような両国の動きからは，日本の有期労働法制のあり方について，どのような示唆が得られるであろうか。

まず，日本の現状からすれば，中国やドイツほどに失業問題が深刻なわけではない。しかし，近年，日本でも若年者の就職難が問題となり，また，経済社会のグローバル化など企業にとって将来の需要予測が困難となるなか，有期雇用の雇用創出効果は無視できず，有期雇用の利用そのものを制限することは適切でないように思われる。その意味で，立法による入口規制を導入することは適切ではない。

それでは，日本法において，有期雇用労働者の保護は，どのようにして実現すべきなのであろうか。ドイツ法と同様，雇用の存続保護を重視してきた日本法のもとでは，無期雇用への転化や無期雇用へと誘導する措置をとることが望ましいように思われる。

この点を敷衍すると次のようになる。まず，典型雇用と非典型雇用とが分断された日本の労働市場においては，有期契約労働者の職業能力を向上させ，労働市場における競争力を高めるという施策が重要となろう。この施策が機能すると，有期雇用をステップとして無期契約に至るという道筋ができることとなる。たとえばドイツ法を参考にして，使用者に対して，無期契約のポストに関する情報提供義務（たとえば，短時間労働者法12条のような規定を設けること）や，職業訓練への配慮義務を課す法制を導入することが考えられる[16]。

さらに，結果として無期雇用に繋がらなかった労働者についても，その終了段階で一定の保護を図ることが必要であるように思われる。では，そのために，立法による出口規制を導入すべきであろうか。現行法上も，判例による，雇止め法理あり，これにより，中国やドイツと同様に，解雇法制とのバランスが考慮された法的ルールが導入されているという評価もできないわけではない。しかし，雇止め法理による救済は，訴訟に要する時間的・金銭的コストを考えれば，大多数の有期労働者の利益となっていない面がある。また，そもそも同法理が適用される要件は明確でないし，たとえ契約関係が長期にわたって継続されていたとしても，更新手続が厳格に履践されているケースとなれば，労働者は何ら保護を受けられない可能性も残る。

　こうしたなかでは，出口規制として，更新回数や全体の雇用期間を制限する立法政策も検討の余地はあるが，中国の経験からすれば，その場合には，規制に抵触する直前に雇止め等を誘発する可能性があることは否定できない。とりわけ，上限を超えた場合に無期契約へ転換するというかたちで強力に無期契約へと誘導する場合には，この可能性はいっそう高まろう。そうなると，有期労働者に対する教育訓練投資などの面でも，企業は消極的になることが予想され，結果的に，職業能力の向上による無期雇用へのステップ・アップにも支障を来す可能性が高い。

　要するに，現在の日本で，明確な出口規制によって無期雇用への転換を義務づけることは，有期雇用労働者の多様性や契約の実態・運用状況などをふまえると，かえって労働者の保護につながらない可能性があるのである。むしろ，このような問題を回避するためには，金銭的な解決も含めて，労働者と使用者の双方のニーズにあった柔軟な解決策を探ることが必要であるように思われる。

　この点で注目すべきなのは，金銭解決である。たしかに，現在の法制度では，解雇の金銭解決が正面から認められているわけではなく，有期雇用についてのみこれを認めることはバランスを欠くとの評価もできないわけではない。しかし，現実には無期雇用の労働者でも，労働審判制度を通じた解雇の金銭解決は

16）　期間雇用労働者に対する職業能力向上策の必要性について指摘したものの，本稿では十分な検討ができておらず，別稿を期したい。

個別報告④

相当数にのぼるし、解雇訴訟においても、労働者の多くは、訴訟の前後を通じて金銭解決を選択している。このような実態をふまえれば、有期雇用について無期雇用への転換を一律に義務づけるのではなく、現在の雇止め法理の適用要件等の明確化を図りつつ、同時に、労働者の勤続年数などをふまえた金銭解決制度の可能性策を提示していくことも、法政策として十分に検討に値すると思われる。

(オランゲレル)

---

17) 労働審判制度のうち解雇に関わる案件だけを取り出すことには資料の制約があり、不確かな点が多いが、たとえば、労働審判において、事件のほぼ7割が調停で解決されており、「解雇事件においては、労働審判委員が解雇無効の心証を表明した場合でも、多くの場合に金銭解決の調停が行われ、不首尾でも同様の内容の審判が出されることが多い」ようである。菅野和夫「労働審判制度の1年半――構想時の基本的論点に照らして」判タ1253号(2008年)48頁。
18) 日本労働弁護団所属弁護士と経営法曹会議所属弁護士を対象に行われたアンケート調査によれば、過去3年間、①本案訴訟の判決確定で終結した解雇事件において、労働者が「復帰しなかった(即日退職を含む)」との回答がそれぞれ41.9%、37.5%となっている。②他方、本案訴訟確定判決以外の和解で終結した事件について、その内容は労働者の「復帰又は再雇用を認めないことが前提となっている」との回答がそれぞれ75.8%、100.0%となっている。平澤純子「解雇無効判決後の状況に関する調査研究」(労働政策研究・研修機構資料シリーズNO.4、2005年8月)を参照。

回顧と展望

管理監督者の深夜割増賃金請求の可否　　　　　　　　　　　　　　新屋敷恵美子
　──ことぶき事件・最二小判平21・12・18裁時1498号19頁，労判1000号5頁──

労働組合法上の労働者性をめぐる2つの最高裁判決について　　　　竹内（奥野）寿

管理監督者の深夜割増賃金請求の可否
―― ことぶき事件・最二小判平21・12・18
裁時1498号19頁, 労判1000号5頁 ――

新屋敷　恵美子
(山口大学)

I　事実の概要

　上告人Y (一審本訴被告・一審反訴原告, 二審本訴被控訴人・二審反訴控訴人) は, 数店舗の美容室等を経営する被上告人X (一審本訴原告・一審反訴被告, 二審本訴控訴人・二審反訴被控訴人) に, 平成8年4月1日に入社し, 平成13年ころ以降Xの総店長を務めるようになった。Yは, 平成16年4月に基本給を43万円から39万円に減額されるまでXから他の店長の給与の1.5倍の給与を支払われていたが, 総店長になってからも, Xの店舗で理美容の業務に従事し続け, Xの人事等, その経営に係る事項については最終的にはXの代表者であるAが決定していた。Yは, 通常は, B店舗の営業時間に合わせて, 午前10時 (平日) あるいは午前9時 (土日) に出勤し, 午後7時半に退社していた。その間, 顧客のいないときは自由に休憩時間を確保していたが, 他方で, 顧客の都合により営業時間の午後7時半以降に理美容業務に従事することもあった。さらに, 平成16年11月以降は, 毎月, 午後9時ころから開かれ長いときには2時間に及ぶXの店長会議に, 業務終了後出席していた。

　Yは, Xでの待遇に不満を持つようになり, 平成18年1月20日ころに3月末でXを退社したい旨申し入れ, Aの了解を得た。Yは, 同年3月下旬ころ, Xの顧客カードを店外に持ち出し, さらに, 同年4月1日以降, B店舗の近くの他店Cにおいて, 前期顧客カードを用い, 従前Bに来店していた顧客らに理美容業務をなすなどした。そこで, Xが, Yの上記行為等が不正競争行為に当たり, それによりYがXの顧客を奪ったなどとして, Yに対し, 不正競

争行為ないし不法行為を理由とする損害賠償を請求した（本訴）。これに対し，Yは，Xに対し，Xに勤務していた際の未払いの時間外賃金（深夜割増賃金を含む。）等を請求した（反訴）。

一審判決（横浜地判平20・3・27労判1000号17頁）は，Xの損害賠償請求を一部認容した一方，Yの請求については，未払いの時間外賃金請求につき，「特段の事情がない限りB店のような理美容業に従事する従業員の給与には多少の勤務時間の増加があったとしても，それは勤務時間に含まれている」としたうえで，Yに対する基本給の額や店長手当の支給の事実から，上記特段の事情があったとは認められないとしてYの請求を棄却した。これに対し，二審判決（東京高判平20・11・11労判100号10頁）は，一審判決同様，Xの損害賠償請求を一部認容した一方，Yの請求については，「労基法41条2号の管理監督者に該当する労働者については労基法の労働時間，休憩及び休日に関する規定は適用されないから」，Yが管理監督者にあたる場合には，それらの規定が適用されることを前提とするYの「時間外賃金（深夜割増賃金を含む。）」の請求は理由がないことになるとした上で，Yが管理監督者に当たると判断し，Yの請求を棄却した。

そこで，Yが，深夜割増賃金については，労基法41条2号の管理監督者に該当したとしても支払われるべきものであり，その点における解釈に関する重要な事項についての誤りがあるとして上告したのが本件である。なお，Yは，減額された基本給を元に戻す旨のXとの昇給合意があったとして未払賃金の請求をしたが，一審・原審ともに認めていない。

II 判旨（破棄・差戻）

一 「労基法における労働時間に関する規定の多くは，その長さに関する規制について定めて」いる。他方，労基法37条3項（現行法37条4項―評釈者）は，「労働が1日のうちのどのような時間帯に行われるかに着目して深夜労働に関し一定の規制をする点で，労働時間に関する労基法中の他の規定とはその趣旨目的を異にすると解される。」

「また、労基法41条は、同法第4章、第6章及び第6章の2で定める労働時間、休憩及び休日に関する規定は、同条各号の一に該当する労働者については適用しないとし、これに該当する労働者として、同条2号は管理監督者等を、同条1号は同法別表第1第6号（林業を除く。）又は第7号に掲げる事業に従事する者を定めている。一方、同法第6章中の規定であって年少者に係る深夜業の規制について定める61条をみると、同条4項は、上記各事業については同条1項ないし3項の深夜業の規制に関する規定を適用しない旨別途規定している。こうした定めは、同法41条にいう『労働時間、休憩及び休日に関する規定』には、深夜業の規制に関する規定は含まれていないことを前提とするものと解される。」

「以上によれば、労基法41条2号の規定によって同法37条3項の適用が除外されることはなく、管理監督者に該当する労働者は同項に基づく深夜割増賃金を請求することができるものと解するのが相当である。」

二 「管理監督者に該当する労働者の所定賃金が労働協約、就業規則その他によって一定額の深夜割増賃金を含める趣旨で定められていることが明らかな場合には、その額の限度では当該労働者が深夜割増賃金の支払を受けることを認める必要はない」。Yに対して支払われていた「賃金の趣旨や労基法37条3項所定の方法により計算された深夜割増賃金の額について審理することなく、Yの深夜割増賃金請求権の有無について判断することはできないというべきである」。

Ⅲ 検 討

1 本判決の意義

本最高裁判決は、管理監督者について、労基法37条3項（現4項）に基づく深夜割増賃金請求が認められることを明確に示した初めての最高裁判決である。すなわち、本判決は、判旨一により、労基法の規定の仕方、そして、時間外労働と深夜業に関する規定の趣旨目的の違いから、労基法41条の適用除外が深夜業の関係規定には及ばないとした。

また，本判決は，判旨二により，労働者が管理監督者と認められた場合の，深夜割増賃金についての法的処理についても示している。

本稿では，主として，管理監督者の深夜割増賃金請求の可否についての判断と，管理監督者の深夜割増賃金の所定賃金への組入れについて検討する。[1]

2 管理監督者と深夜割増賃金請求

(1) これまでの理解

原審は，労基法41条2号の「管理監督者」については「労基法の労働時間，休憩及び休日に関する規定は適用されない」として，結局，「時間外賃金（深夜割増賃金を含む。）」の請求は理由がないとした。たしかに，労基法41条は，「この章……で定める労働時間，休憩及び休日に関する規定」を各号に該当する労働者に適用しないとしており，同章（第四章）の名前は「労働時間，休憩，休日及び年次有給休暇」となっているから，第41条の指定する規定が同章中の37条も含むという原審の解釈も成り立ちうる。また，裁判例の中には，原告労働者が管理監督者に当たるから労基法「37条の時間外，休日及び深夜労働の割増賃金に関する規定が同法41条本文によって原告に対し適用にならない」として，深夜労働等に対する割増賃金の請求を棄却したものもある（日本プレジデントクラブ事件・東京地判昭63・4・27労判517号18頁）。[2]

しかし，行政解釈は，古くから一貫して，[3]労基法41条の規定する適用除外に，

---

1) 本判決についての評釈として，淺野高宏「労働基準法第41条第2号の管理監督者に該当する場合の深夜割増賃金請求権の有無」速報判例解説 Vol.8（2011年）331頁，林弘子「管理監督者に該当する労働者の深夜割増賃金請求権の有無」判例評論621号31頁（2010年）。なお，本件のYが管理監督者であることには疑問があるが，最高裁では争われていないので検討しない。

2) そのほか，エイテイズ事件・神戸地尼崎支判平20・3・27労判968号94頁は，被告会社の就業規則は，「管理監督者であっても深夜労働の割増賃金に関する適用除外を行わない旨定める。そして，これは，労働基準法の定めとは異なる」としている。

3) 昭22・9・13発基17号は，「法第四十一条による者についても深夜業についての規定の適用はこれを排除しないこと」としており，また，昭22・12・15発基502号も，「深夜業の規定は深夜における労働に関する規定であり，深夜の時間的制限であり，労働時間に関する規定と考えられる」から，37条の深夜業に関する規制は同41条により適用を除外されるのではないか，という問に対して，入らないとしている。

同37条4項の定める深夜労働に対する割増賃金の規制は含まれていないと解してきた。

また,これまでの裁判例では,労働者を管理監督者であると判断した裁判例自体多くないが,近年の裁判例の中には,原告労働者が「管理監督者に該当するということができるから,その請求できる時間外手当は,深夜割増賃金に限られる」とするもの(姪浜タクシー事件・福岡地判平19・4・26労判948号41頁)がある。さらに,原告労働者が管理監督者であることを否定しつつも,行政解釈(昭63・3・14基発150号)を引用しつつ,労基法41条によって「深夜業の関係規定(37条の関係部分及び61条の規定)は適用除外されるものではないから,管理監督者ではあっても」原則として「深夜業の割増賃金を支払わなければならない」とするもの(アクト事件・東京地判平18・8・7労判924号50頁)がみられる。これらの解釈は,行政解釈に沿うものでもあり,同条の「労働時間,休憩及び休日に関する規定」に深夜業の規制が含まれないとする解釈が判例上明らかなもののように思われた。

学説でも,これらの判決と同様に,41条の適用除外には,深夜業についての規制(37条の深夜業の割増賃金支払に関する部分等)は入らないと解するのが従来から一般的であり[4],区別する理由としては,深夜業に関する規制が,時の位置に関する規制であって,時の長さに関する規制でないことが挙げられている[5]。

(2) 適用除外されない根拠

では,本判決が適用除外の範囲を決定した根拠は何か。

この点は,行政解釈やこれまでの裁判例からはあまり明確でなかったが,本判決は,判旨一で,労基法の規定の仕方,そして,労働時間の長さに対する規制と労働が行われる時間帯に対する規制との「趣旨目的」の違いを根拠として

---

4) 東京大学労働法研究会『注釈労働時間法』(有斐閣,1990年)726頁,菅野和夫『労働法〔第8版〕』(弘文堂,2008年)262頁,西谷敏『労働法』(日本評論社,2008年)318頁,山川隆一『雇用関係法〔第4版〕』(新世社,2008年)179頁,中窪裕也=和田肇=野田進『労働法の世界〔第7版〕』(有斐閣,2007年)226頁など(なお,ここでは本最高裁判決が出される以前からの学説状況を示すため,各著書の最新版を引用していない)。

5) 寺本廣作『労働基準法解説』(時事通信社,1948年)255頁以下,前掲注4)『注釈労働時間法』726頁,中窪ほか・前掲注4)書226頁。

やや詳しく示した。

　ただ，本判決の述べる各規程の「趣旨目的」の違い，つまり，時間の長さに対する規制の意義と時間の位置に関する規制の意義との違いがいかなるものかについては空白のままである。行政解釈（昭22・9・13発基17号，昭63・3・14基発150号）によれば，同41条の適用除外の趣旨の箇所で，「職制上の役付者のうち，労働時間，休憩，休日等に関する規制の枠を超えて活動することが要請されざるを得ない，重要な職務と責任を有し，現実の活動態様も，労働時間等の規制になじまないような立場にある者に限つて」同条による適用除外が認められると説明されている。[6]そのように労働時間等の規制の枠を超えた活動が不可避である者について，なぜ，深夜業に関する規制の適用が必要なのか。行政解釈や学説の理解に従ったというのが本判決の実際と推察されるが，この点についての根拠は，明確ではないのである。3で検討する深夜割増賃金の所定賃金への組入れを判断する際の視点にも関係してくると考えられ，さらに説得力のある根拠が示されるべきであったように思われる。

　この点について，立法時どのように考えられていたか。立法時の資料からも，時間外労働と深夜労働の規制の趣旨目的の違いがどのように把握されていたのかは必ずしも判然としない。ただ，例えば，末弘厳太郎委員が，交代制と深夜割増の関係に関連して「兎に角苟くも深夜業を行ふならば，割増をするということになる」[7]と述べている箇所がみられるし，また，帝国議会における審議に向け厚生省労政局労働保護課内で準備された「労働基準法案解説及び質疑応答」では，時間外労働，休日労働，深夜労働に対する割増賃金についての規定に解説をする中で，「割増賃金は，……深夜作業の場合についても規定されてゐるから，単に八時間制のブレーキ的役割を果す丈でなく，特定の場合に於ける賃金の最低割増率を規定した」[8]ことになるとされている。このような立法時における深夜業規制についての認識からして，立法時において，深夜業と時間

6）日本マクドナルド事件・東京地判平20・1・28労判953号10頁。

7）「労務法制審議会（第2回）議事速記録」渡辺章編『日本立法資料全集52　労働基準法〔昭和22年〕（2）上』（信山社，1998年）514頁。

8）渡辺章編『日本立法資料全集53　労働基準法〔昭和22年〕（3）上』（信山社，1998年）157頁。

外労働とに対するそれぞれ異なる配慮が存在しているといえ，深夜業に対する規制は労働時間の長さに対する規制とは異なる性質のものであると考えられていたといえよう。どのように異なるかはやはり明確とはいえないが，深夜労働が労働者の健康や生活にもたらす弊害から，その抑制の必要性が当然視されていたのではないかと推察される。

労基法の強行性からして，適用除外の可否が明確でない場合に，規制の趣旨の異なる規制をも一括して適用除外が認められると解釈するのは妥当ではなく，適用除外は制限的に認められるべきである。また，「労働時間」というときに，通常想定されるのは，時の長さであろう（労基法32条参照）。上記のように各規制間に趣旨目的の違いがあることや言葉の通常の意味からして，本判決が，41条の適用除外には37条の深夜業に関する規定が入らないとしたことは，妥当性を有すると思われる。

3 深夜割増賃金の所定賃金への組み入れ

(1) 判断基準の提示

これまで管理監督者の該当性が認められた裁判例はあまりないが，この点が認められた場合，次に問題となるのが，所定賃金における深夜割増賃金の組入れの有効性と解される。

行政解釈（昭22・9・13発基17号，昭63・3・14基発150号）は，「労働協約，就業規則その他によつて深夜業の割増賃金を含めて所定賃金が定められていることが明らかな場合には別に深夜業の割増賃金を支払う必要はない」としている。判旨二は，以上の行政解釈に沿って，「所定賃金が労働協約，就業規則その他によって一定額の深夜割増賃金を含める趣旨で定められていることが明らかな場合」には，「その額の限度」で，深夜割増賃金の支払の請求が認められないと判示したと考えられる。このように，本判決は，労働協約，就業規則等によって深夜割増賃金額を所定賃金の中に組み入れることを，「明確性」を要件に認めた。これは，時間外割増賃金の組入れ制について，時間外割増賃金分及び

---

9) 深夜労働のもたらす弊害については，労旬1741号（2011年）6頁以下の特集を参照。

深夜割増賃金分の明確な区別を要件とする旨判断した，高知県観光事件最高裁判決（最二小判平6・2・13労判653号12頁）と平仄の合う判断方法である。

そこで，管理監督者の深夜割増賃金請求を判断するのに次に問題となるのが，この組入れの「明確性」の要件の具体的内容である。

(2) 明確性要件と管理監督者に対する厚遇

ところで，管理監督者ではない労働者の深夜割増賃金請求について判断した裁判例の中には，深夜労働を前提とした労働契約である場合に，所定賃金に深夜割増賃金も含まれていると判断し，組入れの明確性というよりはむしろ深夜割増賃金についての当事者意思の問題として判断するものがみられる[10]。また，本件一審判決は，事実の概要にあるように，理美容業務の特性，Yに支払われていた給与の額や手当の存在から，時間外賃金請求（深夜割増賃金も含む。）を否定している。さらに，判決の中には，原告労働者が「監督若しくは管理の地位にあり，とりわけ自己の労働時間をその自由裁量により決することができ，包括的な時間外手当（深夜労働を含む。）の趣旨で……特別調整手当が支給されていることを考慮すると，同法37条の深夜労働による割増賃金の請求権も発生しない」とするものもある（徳洲会事件・大阪地判昭62・3・31労判497号65頁）。つまり，管理監督者については，たしかに業務が深夜労働を前提としたものであるということはいいにくいが，管理監督者ゆえに支払われる高額な賃金や特別な手当てに深夜割増賃金が含まれる趣旨であったかが問題となるであろう。

ただ，そのように報酬に関連した当事者意思が問題とされるようになると，管理監督者について深夜割増賃金請求権を認めた本判決の意義が希薄化する可能性があり，次のような理論的な問題を生じさせる。すなわち，管理監督者は，管理監督者と認められるだけの特別な待遇を受けているから，本件一審判決や

---

10) 千代田ビル管財事件・東京地判平18・7・26労判923号25頁，大虎運輸事件・大阪地判平18・6・15労判924号72頁。ほかに，深夜勤務のない勤務形態における時間当たり単価を基準として，深夜勤務の含まれる勤務形態について支払われる賃金における深夜割増賃金の組入れを肯定した裁判例として，クアトロ（ガソリンスタンド）事件・東京地判平17・11・11労判908号37頁。就業規則に額については明示していないものの深夜割増賃金が基本給に含まれると規定されていた場合に，労働者が毎月受け取る給与明細書の基本給の額から，深夜割増賃金の額が逆算できるとした事例としてフジビルメンテナンス事件・東京地判平20・3・21労判967号35頁。

徳洲会事件判決のように，その待遇に割増賃金が含まれているとされ，結局，管理監督者に深夜割増賃金請求権を認めない（労基法37条4項が労基法41条の適用除外の規定に入るとする）のと実質的には変わりがなくなるという問題である。

また，深夜業についての規定を適用除外しないという労基法41条の強行法としての趣旨が，当事者意思により排除されることも問題である。同条は規制解除を目的とするが，規制解除しない部分については，強行的な意味合いがあり，その適用は当事者意思により解除できないと解すべきだからである。

本件において，最高裁が，時間の長さに比べ「時の位置」に特別な意味を見出した理由が明確でないことは前述のとおりである（2(2)）。しかし，それは，確立した行政解釈や先に示した立法資料からわかるように，時の位置の規制の背景にある固有の配慮が当然視されているためであろう。すなわち，「昼は働き夜は休息して文化を享受し人間的な生活を営み明日の労働力を回復する」（高知観光事件・高松高判平2・10・30労判653号14頁）という「人間本来の自然の生活リズム」（同前）が意識されていると考えるのが妥当であろう。このように考えると，当事者意思がいかなるものであったかではなく，労基法37条4項の意義を確実に発揮させるよう，やはり明確性の要件を厳格に解して組入れの有効性を判断すべきである[11]。

(3)　具体的内容

以上の観点から，判旨二のいう明確性の要件をより具体的に考える。まず，所定賃金に割増賃金が含まれることが明示されることが必要である。ただそれだけでは十分でなく，割増賃金の趣旨で支給された賃金のうち，どの部分が37条所定の割増賃金に相当するかが明確に峻別できなくてはならないと解される[12]。この趣旨での明確性の要件が要求されることにより，割増賃金の支払の有無が

---

11)　原昌登「深夜割増賃金の支払方法と複数契約における時間外労働──千代田ビル管財事件」ジュリ1336号（2007年）137頁，140頁は，所定賃金の中に深夜割増賃金が含まれていると安易に評価すると，「労基法37条の意義の中には追加的に割増賃金を負担させることで深夜労働を抑制するといった点もあると思われる」にもかかわらず，そのような抑制効果が期待できず，「同条の意義が大きく薄れてしまう」とする。

12)　前掲・高知県観光事件最高裁判決，共同輸送事件・大阪地判平9・12・24労判730号14頁参照。

回顧と展望①

明確となり，労働者の権利行使がより現実的なものとなる結果，深夜労働への適切な抑制が働く。

　本件については，とりわけ原審では以上の明確性の基準が意識された上で事実認定がされていなかったと考えられ，差戻審において，明確性を基準にしてどのような事実認定と判断がなされるかが注目される。

　　　　　　　　　　　　　　　　　　　　　　　（しんやしき　えみこ）

労働組合法上の労働者性をめぐる2つの最高裁判決について

竹内(奥野) 寿

(立教大学)

I はじめに

　労働組合法上(労組法3条)の労働者性については，従来，それほど議論が行われてこなかった。しかし，新国立劇場運営財団事件東京地裁判決以降，裁判所が，労基法上の労働者性の判断基準と同様の判断基準に依拠して，かつ，事実の評価にあたり，労働者性を肯定する事情とは容易に認めない考え方に立ち，労組法上の労働者性を否定する判決を相次いで下したことを受け，近年，労組法上の労働者性についての議論が活発化している。

　本稿で検討する2つの最高裁判決(新国立劇場運営財団事件・最三小判平成23・4・12労経速2105号8頁，INAXメンテナンス事件・最三小判平成23・4・12労経速2105号3頁。以下，単に「本件2最高裁判決」ということがある)は，CBC管弦楽団労組事件最高裁判決(最一小判昭和51・5・6民集30巻4号437頁)以降初めて，この問題について最高裁が判断を下したものである。本件2最高裁判決は，事例判断ではあるが，最近の下級審裁判例が採用していた判断基準及び評価方法を否定し，また，結論としても，労組法上の労働者性を肯定したものとして，非常に重要な意義を有する。

　以下，本件2最高裁判決について，それぞれの事件の概要に触れた上で(II。紙幅の制約上，2つの事件の事案と経過については概要のみを紹介し，また，最高裁判決の判旨は紹介を省略し，個々の検討箇所で適宜紹介する)，労組法上の労働者性の判断基準，判断要素(III 1)，判断要素の評価方法(III 2)に焦点を絞り，本件2最高裁判決の意義及びこれを踏まえた今後の課題を検討する。[1] [2]

II 2つの事件の概要

　新国立劇場運営財団事件は，出演基本契約及び個別公演出演契約を締結してオペラ公演に出演していた合唱団員が，次期シーズンの出演基本契約締結の対象者とされなかったこと，及び，これに関して上記合唱団員が加入する職能別労働組合が行った団交申し入れを財団が拒否したことが，不当労働行為に該当するか否かに関連して，上記合唱団員の労組法上の労働者性が争われた事案である。上記合唱団員の労組法上の労働者性を肯定した上で団交拒否についてのみ不当労働行為の成立を認めた中労委命令（中労委決平成18・6・7別冊中労時1358号1頁）に対する取消訴訟を財団，労組双方が提起したところ，第一審（東京地判平成20・7・31労判967号5頁）は，上記合唱団員の労組法上の労働者性を否定して，財団の請求を認容して中労委命令を取消し，労組の請求を棄却した。原審（東京高判平成21・3・25労判981号13頁）も，これを支持した。

　INAXメンテナンス事件は，業務委託契約を締結して製品の修理補修等の業務に従事していた「カスタマーエンジニア」（以下，CEとする）が，加入した労働組合をつうじて，年収保障等を議題として団交申し入れをしたところ，これを上記契約の相手方である会社が拒否したことが，不当労働行為に該当するか否かに関連して，CEの労組法上の労働者性が争われた事案である。労組法上の労働者性を肯定した上で不当労働行為の成立を認めた中労委命令（中労委決平成19・10・3別冊中労時1360号21頁）に対する取消訴訟を会社が提起したところ，第一審（東京地判平成21・4・22労判982号17頁）は，CEの労働者性を肯定して請求を棄却したが，原審（東京高判平成21・9・16労判989号12頁）は，CEは労

---

1)　なお，本件2最高裁判決については，IIIで検討する事項のほか，(i)相手方「との関係において労働組合法上の労働者に当たる」と判断していることをどのように理解すべきか，(ii) INAXメンテナンス事件が自判し労組法7条2号の不当労働行為の成立を肯定していることに関連して，労組法3条の「労働者」と，労組法7条2号の「雇用する労働者」との関係をどのように捉えていると理解すべきか等の点も検討を要するが，割愛する。
2)　本件2最高裁判決について検討する既存の文献として，「特集：新国立劇場運営財団事件・INAXメンテナンス事件」労旬1745号（2011年）6頁以下所収の各論文を参照。なお，末尾の付記も参照されたい。

組法上の労働者に該当しないと判断し，中労委命令を取り消した。

最高裁は，いずれの事件についても，諸要素を総合考慮して，上記合唱団員，CEが，相手方との関係において労組法上の労働者に該当すると判断して，原審判決を破棄した。そして，新国立劇場運営財団事件については不当労働行為の成否（労組法7条1号，2号）を更に審理させるため原審に差戻し，INAXメンテナンス事件については自判して会社による団交拒否が労組法7条2号の不当労働行為に該当すると判断し，会社の請求を棄却した第一審判決を正当として，会社の控訴を棄却した。

Ⅲ　検　　討

1　労組法上の労働者性についての判断基準，判断要素

（1）　学説，労委命令，従来の判例及び裁判例の概観[3]

（a）　学説　労組法上の労働者性の判断基準ないし判断要素について，学説上，大別して3つの考え方が示されている。

第1の考え方は，一方で経済的従属性を重視しつつ，他方で使用従属性をも要件と位置づけ，後者を，労基法の労働者性の判断より緩やかにではあるが，考慮に入れて判断する立場である。具体的には，経済的従属性については契約内容の相手方による一方的決定，相手方から得る収入への生計依存を検討し，使用従属性については契約締結や仕事の依頼への諾否の自由，業務内容の一方的決定，勤務時間や場所の拘束性，労務遂行過程での指揮命令関係，報酬の労務対償性，企業組織への組み入れ，専属性，事業者性等を検討して，判断するとしている[4]。

第2の考え方は，経済的従属性のみを要件とし，使用従属性は要件としない立場であり，具体的には，「自ら労務を供給し，その対価としての報酬を支払

---

3) 学説，労委命令，裁判例を整理する文献として，水町勇一郎「判批」ジュリ1372号（2009年）192頁，竹内（奥野）寿「労働組合法上の労働者性について考える──なぜ『労働契約基準アプローチ』なのか？」季労229号（2010年）99頁がある。
4) 土田道夫「『労働組合法上の労働者』は何のための概念か」季労228号（2010年）127頁。

われる者で，労務供給の相手方との関係で独立事業者・独立労働者でない者」との判断基準に照らして判断する考え方である[5]。

　第3の考え方は，団体交渉の保護を及ぼす必要性と適切性の観点を重視し，事業組織への組み入れ，契約内容の一方的決定，報酬の労務対価性を主要な考慮要素とし，業務の発注に対する諾否の自由，時間的場所的拘束及び業務遂行についての指揮監督，専属性を，事業組織への組み入れの補完的要素として，また，事業者性を，労働者性を弱めうる補完的要素として考慮する立場である[6]。

　（b）労働委員会命令　　従来の労働委員会命令は，一般に，事業組織への組み入れ，契約内容の一方的決定，業務遂行方法や日時，場所等についての指揮監督，業務発注に対する諾否の自由，報酬の労務提供に対する対価性，専属性等を総合考慮して判断を下していた[7]。もっとも，最近，中労委は，ソクハイ事件（中労委決平成22・7・7別冊中労時1395号11頁）において，学説の第3の考え方と基本的に共通する立場を示すに至っている。

　（c）判例及び裁判例　　従来，唯一の最高裁判例であったCBC管弦楽団労組事件最高裁判決は，事例判断であるが，会社と楽団員との間の契約が，楽団員らを事業組織へ組み入れ，事業遂行に不可欠な労働力を恒常的に確保するためのものであり，このことと当事者の認識を考慮して，楽団員は契約上原則として仕事の依頼に応ずべき義務（「原則としてこれに従うべき基本的関係」）があり，労働力の処分につき会社が指揮命令の権能を有しないとはいえないこと，報酬が労務の提供それ自体の対価であること，を指摘して，楽団員が「会社に対する関係において労働組合法の適用を受けるべき労働者にあたる」と判断しており，「労働力の処分」についての指揮命令の権能があるか否かを，事業組織への組み入れ，諾否の自由に照らして検討し，これと報酬の労務提供の対価性とを考慮して，労組法上の労働者性を検討したものと解しうる判断を示していた。

5）　川口美貴「労働組合法上の労働者と理論的課題」労委労協642号（2009年）2頁。
6）　山川隆一「労働者概念をめぐる覚書」労委労協651号（2010年）2頁。同論文は，諾否の自由がないこと，指揮監督が及んでいることは，必ずしも不可欠の要素ではないとする。
7）　例えば，ビクターサービスエンジニアリング事件・中労委決平成20・2・20別冊中労時1360号39頁。

これに対して，下級審裁判例は，従来から使用従属性に照らして労組法上の労働者性を判断してきていたところ，近時に至り，INAX メンテナンス事件の原審判決に代表されるように，労組法上の労働者を「法的な使用従属の関係に立って，その指揮監督の下に労務に服し，その提供する労働の対価としての報酬を受ける者」とした上で，法的な義務の有無に注目しつつ，業務の依頼に対する諾否の自由，時間的場所的拘束，業務遂行についての具体的指揮監督，報酬の業務対価性等の要素を，厳格に（労働者性を肯定する事情とは容易に評価しない形で）総合考慮する判断がなされるようになっていた。

(2) 本件2最高裁判決における判断要素の位置づけの理解

　(a) 本件2最高裁判決が言及する判断要素　　新国立劇場運営財団事件最高裁判決は，合唱団員が財団の組織に組み入れられていたこと（事業組織への組み入れ，以下①とする），合唱団員が基本的に財団からの個別公演出演（仕事の依頼）の申込みに応ずべき関係にあったこと（諾否の自由，以下②とする），財団が契約内容を一方的に決定していたこと（契約内容の一方的決定，以下③とする），合唱団員が労務提供方法等について財団の指揮監督下にあり，一定の時間的場所的拘束も受けていたこと[8]（指揮監督及び時間的場所的拘束，以下④とする），報酬が算定方法や額に照らして労務提供それ自体の対価とみられること（報酬の労務対価性，以下⑤とする）の諸事情に言及して，当該合唱団員が労組法上の労働者であることを肯定している。

　また，INAX メンテナンス事件最高裁判決は，CE が会社の組織に組み入れられていたこと（①），会社が契約内容を一方的に決定していたこと（③），算定方法に照らし報酬が労務提供の対価としての性質を有すること（⑤），CE が基本的に会社からの個々の仕事の依頼に応ずべき関係にあったこと（②），CE が会社の指揮監督の下で労務の提供を行っており，一定の時間的場所的拘束も受けていたこと（④），CE が独自に事業者としての活動を行うことは時間的に困難と推認されること（事業者性，以下⑥とする）の諸事情に言及して，CE が労組法上の労働者であることを肯定している。

---

8) 判決文では，これらは2文に分けて述べられているが，ここでは1つの要素とした。

(b) 労基法上の労働者性の判断要素との対比　本件2最高裁判決が言及している諸事情（諸要素）のうち，②及び④～⑥（の有無，程度）については，労基法上の労働者性についての最高裁判決[9]及び労働基準法研究会報告書[10]でも言及されており，労組法上の労働者性と労基法上の労働者性とで共通して言及されている要素といえる。これに対して，①及び③は，労基法上の労働者性についての最高裁判決では言及されておらず，また，労働基準法研究会報告書でも，③は言及されておらず，①については言及があるものの，④（の一部たる指揮監督下の労働か否か）の下位要素と位置づけられており，少なくとも，独立した要素としては言及されていない。

このとおり，本件2最高裁判決は，労組法上の労働者性の判断において，①及び③の要素（の有無，程度）に独自の意義を与えている[11]。この言及される判断要素の違いに照らすと，本件2最高裁判決は，労組法上の労働者性の判断基準そのものは明らかにしていないものの，「法的な使用従属」との概念の下，①及び③に言及せず，②，④，⑤の要素を列挙して労基法上の労働者性の判断基準とほぼ異ならない判断基準を示していたINAXメンテナンス事件原審判決（及び同様の立場をとる新国立劇場運営財団事件原審判決）の立場を否定し，労組法上の労働者性の判断については，労基法上の労働者性の判断基準と同一の判断基準にはよらないとの考え方を示したものと位置づけることができる[12]。

(c) 本件2最高裁判決が言及する各判断要素の位置づけ　もっとも，本件2最高裁判決はいずれも事例判断にとどまっており，また，上記のとおり，労組法上の労働者性の判断基準そのものは述べられていない。このこともあり，

---

9)　例えば，横浜南労基署長（旭紙業）事件・最一小判平成8・11・28労判714号14頁では，⑥，④，②，⑤について言及がなされている。

10)　労働基準法研究会第1部会報告「労働基準法の『労働者』の判断基準について」労働省労働基準局編『労働基準法の問題点と対策の方向：労働基準法研究会報告書』（日本労働協会，1986年）53頁以下。

11)　同旨の指摘として，土田道夫「労組法上の労働者」労旬1745号（2011年）46頁，48頁参照。

12)　なお，本件2最高裁判決は，①及び③が認められることを，労組法上の労働者性を肯定する事情と評価しており，2で検討する評価方法とも相まって，労組法上の労働者性を，労基法上の労働者性よりも広く認めようとしたものと解される。

その言及する各要素の位置づけ，すなわち，各要素が主たる要素か従たる要素か（あるいは，各要素に特に主従の区別はないか）等の点について，本件2最高裁判決をどう理解するかが問題となる。

　上記のとおり，本件2最高裁判決は①及び③に労組法上の労働者性の判断における独自の意義を与えていると理解できる。もっとも，このことが，ひいては，本件2最高裁判決がこの2つの要素を他の要素に比して主たる要素として位置づけていることを意味するのか，あるいは，要素として挙げてはいるが，他の要素と並んで1要素とすることを意味するにすぎないのかは，一義的には明らかではない。また，要素の言及順序や，文頭の接続詞が決め手となるとも考えがたい[13]。

　これらのことと併せ，各事件における国（中労委）の上告受理申立て理由が[14]，労組法7条2号の不当労働行為は成立しないとした原審の判断を念頭において，労組法上の労働者に該当するか否かは，①～⑤等の諸事情に照らして総合的に解釈，判断すべきと主張しており，最高裁はこれを容れたにすぎないと考えられることに照らすと，本件2最高裁判決は，上記①～⑤等の諸要素を総合的に考慮するにとどまり，特定の要素を主たる要素あるいは従たる要素と位置づけるものとは解されない[15]。また，本件2最高裁判決は，いずれも労組法上の労働者性を肯定しており，特定の要素が不可欠であるのか否かは明らかではない。(1)で紹介した学説等との関係では，諸要素を総合考慮する点で，ソクハイ事件中労委命令以前の労働委員会の立場と基本的に一致する。学説との関係では，いずれの考え方に依拠するものでもないが，同時に，いずれの考え方をも当然には否定していないものと解される。

---

13) 順序をさほど重視すべきでないとする見解として，西谷敏「ゆきすぎた形式主義に歯止めをかけた判決」労旬1745号（2011年）24頁，28頁参照。順序を一定程度考慮する見解として，土田・前掲注11)論文48-49頁参照。
14) 両事件の国による上告受理申立て理由については，別冊中労時1406号（2011年）11頁以下，36頁以下を参照。
15) これに対して，判断要素のいずれが重視されているか明らかではないと述べつつも，①及び③が労組法上の労働者性の独自の判断要素であること等を踏まえて，これらの要素が重視されていると理解する見解として，土田・前掲注11)論文48-49頁参照。

(3) 本件2最高裁判決の評価

以上のとおり理解される本件2最高裁判決については，第1に，労基法上の労働者性の判断基準と同一の判断基準にはよらないとの考え方がうかがわれる点で，労組法の目的，趣旨を踏まえ，労組法に独自の労働者性の判断を行おうとすることを示唆するものとして，評価することができる。

しかし，第2に，言及されている諸事情が，なぜ，労組法上の労働者性の肯定，否定にかかわるのか，換言すれば，これらの諸事情が認められる就業者に対して，労組法は，なぜ，団結し，労働条件等についての団体交渉及びその他の団体行動を行うことについての保護・助成を認めているのかという，労組法上の労働者性の判断基準を考えるにあたっての基礎となる考え方がほとんど明らかにされておらず，このため，判決が言及する各要素の位置づけも明らかでないとの批判を加えることが可能である。もっとも，この点については，本件2最高裁判決は，学説上，労組法上の労働者性をいかなる判断基準，判断要素に基づき判断するかについて見解が分かれていること等を踏まえ，労組法上の労働者性についての基礎となる考え方及び判断基準について，学説等の議論の展開を待とうとするものと受け止めるのが適切であろう。

私見としては，労組法が労働者に対して，団結し，労働条件等についての団体交渉及びその他の団体行動を行うことについての保護・助成を認めている理由は，使用者と労働者との間で交渉，取引する対象である商品が「労働力」（労務）という，貯蔵性がなく，かつ，一般的に市場で供給が過剰であるものであることに由来して，当事者間に交渉力格差がある（労働力の売り手が交渉上弱い地位におかれる）ことによると考えられる。それゆえ，労組法上の労働者性は，他人の事業に自己の労務を提供して，その報酬を得る者といえるか否かを基本的な判断基準として判断すべきと考えられる[16]。

具体的な判断要素としては，他人の事業に自己の労務を提供する関係にあるか否かについては，CBC管弦楽団労組事件最高裁判決に従う形で，相手方の事業組織への組み入れ，諾否の自由（より正確にいえば，仕事の依頼に対して「原則としてこれに従うべき基本的関係」にあるか否か）に照らし，相手方が労働力の処分についての権能を有すると評価できるか否かにより判断すべきである[17]。な

お，自ら生産手段等を備えるなどして，自己の危険と計算の下，自己の事業を営むと評価できる場合（このような意味で事業者性が認められる場合）には，他人の事業に自己の労働力を提供するのではなく，自己の事業のために自己の労働力を利用していることとなるため，他人の事業に自己の労務を提供する関係にあることを否定する事情となる。そして，労組法3条は「賃金，給料その他これに準ずる収入によって生活する者」であることを明示的に必要としているが，これは，他人の事業に自己の労務を提供する関係において報酬を得ていることで充足されるものと考えられる。

以上の考え方に基づき最高裁判決が言及する判断要素について評価すると，第1に，①，②の要素（及び⑥の要素）に言及していることそれ自体は，評価できる。もっとも，本件2最高裁判決は，いずれも，①及び②の要素を別個に検討するのみであり，CBC管弦楽団労組事件最高裁判決のように，「労働力の処分」についての指揮命令の権能の有無の評価に結び付ける形で考慮しているわけではなく，判断要素の関係が検討される必要がある。

第2に，③の要素については，その要否が問題となる。たしかに，相手方による契約内容の一方的決定は，労務提供者の交渉力の欠如を示すものであり，この要素が挙げられることについて理解できないではない。しかし，労務提供者の交渉力の欠如は，労働力という特殊な財の売り手であることにその基礎を求めることができ，このことは①及び②の要素の検討をつうじて確認されるこ

---

16) 竹内（奥野）・前掲注3）論文109頁注41参照。労組法3条の「賃金，給料その他これに準ずる収入によって生活する者」との文言は，収入を得る関係にあることを意味すると共に，収入の性格を表現することをつうじて，他人に自己の労務を提供している者であることをも意味するものと解される。私見は，団結，団体交渉等についての保護の必要性が，単なる交渉力の格差ではなく，労働力の取引対象としての特殊性に由来する交渉力格差に基づくものであることと，CBC管弦楽団労組事件最高裁判決が，労働力の利用そのものにかかる関係に注目した判断を下しているとの理解とに基づくものである。

17) 労組法上の労働者性を，相手方が労働力の処分についての権能を有すると評価できるか否か，報酬が労働力供給の対価と評価できるか否かに注目して判断する見解として，古川景一「労働組合法上の労働者——最高裁判例法理と我妻理論の再評価」季労224号（2009年）165頁参照。

18) INAXメンテナンス事件については，田原睦夫裁判官による補足意見が付されており，そこでは，事業者性の有無について詳論されている。もっとも，同補足意見が外形的な事実に照らして事業者性の有無を検討している点については，賛成できない。

とであるから,改めて,具体的に,一方的決定がなされているか否かを検討する意義は乏しいのではないかと思われる。また,個別具体的な交渉力格差の有無,程度を考慮することが適切か否かも,検討されるべきであろう。

第3に,④の要素についても,その要否が問題となる。「労働力の処分」そのものについての権能が相手方に認められることにより,既に労組法による保護を及ぼすべき交渉力の欠如は基礎づけられているのであり,それ以上に,具体的な業務遂行上の指揮監督や時間的場所的拘束が及んでいることは必要ないと考えられる[20]。

2　労組法上の労働者性の判断要素の評価方法について

2つの事件の原審判決は,それぞれ,「法的な指揮命令ないし支配監督関係」(新国立劇場運営財団事件),「法的な使用従属の関係」(INAXメンテナンス事件)が認められるか否かに照らして労組法上の労働者性を判断する考え方を採用し,判断要素の評価を法的な義務の有無に注目する形で行い,諾否の自由について,仕事(個別公演出演,個々の修理業務)の依頼に応じることは法的に義務付けられておらず,諾否の自由があったと判断していた。

これに対し,本件2最高裁判決は,いずれも,諾否の自由について,明示の応諾義務付け条項がない,応じない場合にも債務不履行責任を追及されない等としても,実態として応じないことは稀であったことなど,「各当事者の認識や契約の実際の運用において」,「基本的に……[仕事の依頼に]応ずべき関係にあった」と判断している。

CBC管弦楽団労組事件最高裁判決は,「原則としては発注に応じて出演すべ

---

19) したがって,私見は,交渉力の非対等性をおよそ問うことなく,労組法上の労働者性を肯定すべきである,とする趣旨ではない。
20) なお,各判断要素の充足の程度を検討する際に,いかなる事実を考慮の対象とするかについては,事案の違いもあってか,2つの最高裁判決は必ずしも一致していない(例えば,①について,新国立劇場運営財団事件では,もっぱら契約が労働力の確保を目的とするものか否かが考慮されているが,INAXメンテナンス事件では,CEが事業遂行に占める重要性(人的割合)なども考慮対象とされている)。各判断要素について具体的にいかなる事実が考慮されるのか,更には,当事者が操作しうる外形的な事実など,考慮すべきではない事実が考慮されてはいないかについても,今後検討が必要と思われる。

き義務」を肯定しているものの，契約形態の変遷の経緯及び当事者の認識を検討した上で，上記「義務」があったと述べており，更に，これを，出演の求めに対し「原則としてこれに従うべき基本的関係」と言い換えていた。判決そのものではないが，右最高裁判決の調査官解説は，これを「事実上拒否できない」関係ではなく，「法律上の義務を負う関係」であることを明らかにしたものと述べており，これが２つの事件の原審判決に影響を与えたものと考えられる[21]。本件２最高裁判決は，原審のこのような評価方法を否定し，当事者の認識や実態に照らし，かつ，究極的には法的義務の有無ではなく，そのような「基本的関係」にあるか否かの観点から検討する，CBC管弦楽団労組事件最高裁判決の立場を改めて確認，肯定するものと位置づけられる（最高裁は「法的な」指揮監督関係との表現を利用していないことにも注意すべきである）[22]。先例を適切に踏まえた判断と評価できると共に，強行規定を有する労組法（を含む労働法）については法形式にのみとらわれるのではなく，実態を適切に踏まえてその適用が判断されるべきであることに照らしても，適切な判断である。

また，２つの事件の原審判決は，現実に一定の指揮監督や拘束の事実があることを評価するにあたり「集団的舞台芸術性」に由来する制約にすぎない，あるいは，「委託内容による制約」ないし「業務委託の性質上」の制約にすぎないとして，法的な指揮命令あるいは法的な使用従属の関係を示すものではないと判断していた。本件２最高裁判決は，このような観点に言及することなく，指揮監督や一定の時間的場所的拘束を肯定しており，原審判決が採用した上記のような観点に基づく評価方法も採用しないとしたものと理解できる。

Ⅳ　む　す　び

本件２最高裁判決は，近時の下級審裁判例の立場を否定して，使用従属性にのみ注目する判断基準（労基法上の労働者性の判断基準とほぼ同様の判断基準）に

---

21) 佐藤繁「判解」最判解民事篇昭和51年度205頁，213頁。この理解への批判として，荒木尚志「判批」中労時1108号（2009年）14頁，20頁参照。
22) 同旨の指摘として，西谷・前掲注13)論文26頁参照。

はよらないことを示した点，判断要素の評価方法について，実態に照らした柔軟な評価方法によることを明らかにした点に，先例としての意義が認められる。他方，労組法上の労働者性の具体的な判断については諸要素を総合考慮するにとどめている。理論的に，いかなる者を労組法上の労働者と考え，いかなる判断基準，判断要素によりこれを判断するかは，実務のみならず，学説に残された，なお考察されるべき課題である。[23]

(付記)　脱稿後に，「特集　労働者性の判断と労働者保護のあり方——新国立劇場事件・INAXメンテナンス事件最高裁判決」ジュリ1426号（2011年）4頁以下所収の各論稿，及び，「特集　労働組合法上の労働者性」中労時1135号（2011年）4頁以下所収の各論稿に接した。

(たけうち〔おくの〕　ひさし)

---

[23] 労働委員会実務では，既に述べたとおり，現在，ソクハイ事件中労委命令が基本的考え方，判断要素の位置づけをも踏まえた判断基準を提示しており，また，厚生労働省で開催されている「労使関係法研究会」（座長・荒木尚志東京大学教授）も，2011年7月25日に労組法上の労働者性の判断基準についての報告書を公表しており，これらが今後どのように評価されるかが注目される。

日本学術会議報告

浅倉　むつ子

(日本学術会議会員，早稲田大学)

1　東日本大震災に関する日本学術会議の対応

　2011年3月11日，三陸沖を震源に発生したマグニチュード9.0の大地震によって，東北地方太平洋沿岸部を巨大な津波が襲い，多くの人命が失われた。その後も余震は続き，福島原子力発電所の事故は，終息の見通しすらたっていない。このような緊急事態に直面して，日本学術会議が，十分とはいえないながらも，どのような対応によって国民に対する責務を果たしてきたかにつき，ご報告しておきたい。

　日本学術会議は，災害当日から1週間遅れながらも，3月18日に「幹事会声明」(東北・関東大地震とその後の原子力発電所事故について)を出し，同日に，一般参加者も加えた緊急集会「今，われわれにできることは何か？」を開催した。そこで集約された具体的な意見のうち，「日本全体の知恵と能力の活用」「被災地への対口支援方式の導入」は，直ちに内閣に届けられた。その後，3月23日には，会長を委員長とする「東日本大震災対策委員会」(幹事会附置委員会)が設置され，ここを中心に科学者コミュニティからの提案・意見を受付ける窓口が設けられ，緊急提言を発信する体制が整った。その後，同委員会の下に，「被災地域の復興グランド・デザイン分科会」と「エネルギー政策の選択肢分科会」が設置され，6月までに中間報告をとりまとめるべく，審議が続けられている。

　日本学術会議からの緊急提言は，以下のリストにあるように，第1次から第6次までが公表されてきた(これらは日本学術会議のHPのトップから入手可能である)。

3月25日　第一次緊急提言
4月4日　第二次緊急提言「福島第一原子力発電所事故後の放射線量調査の必要性について」
4月5日　第三次緊急提言「東日本大震災被災者支援・被災地域復興のために」(この文書は人文社会科学領域(第一部)から発信されたものである)
4月5日　第四次緊急提言「震災廃棄物対策と環境影響防止に関する緊急提言」
4月13日　第五次緊急提言「福島第一原子力発電所事故対策等へのロボット技術の活用について」

4月15日　第六次緊急提言「救済・救援・復興に男女共同参画の視点を」

　この間，海外のアカデミーからは，「原発事故とその影響に関する正確な経緯と情報を，日本学術会議として可能なかぎり客観的に発信して欲しい」という要請を受けてきた。それに応えるべく，5月2日には，「東京電力福島第一原子力発電所事故に関する日本学術会議から海外アカデミーへの現状報告」という文書が，日本文と英文で公表された。また，6月11日には，「災害・復興と男女共同参画シンポジウム」が学術会議講堂において開催され，会場に収容しきれないほどの人々が集まり，熱のこもった議論が行われた。

　以上のように，日本学術会議は，献身的に奮闘してこられた執行部を中心に，総力をあげて，この緊急事態に対応してきた。日本学術会議が対外的に発信した文書は，災害の救援・復興に向けた，比較的，体系的で包括的な政策提言であって，政府が打ち出した方針の中にもほぼ反映されてきた。その意味では，日本学術会議としては，この緊急事態において，それなりの存在意義を示し得たといってよいだろう。

　しかし，実のところ，大きな問題は何一つ解決してはいない。日本学術会議は，学術の力を総結集したうえで，「廃炉」に至るまでの原発の制御をどうしていくべきか，道筋を示すことができるのだろうか。これまでの学術のあり方を批判的に自省し，脱原発の可能性を打ち出せるのだろうか。この問題について，今日までのところでは，甘い展望を持つことはできそうもない状況である。さらに，日本学術会議は，国民に対して十分な情報発信をする責務を果たしているのかという厳しい問いかけは，会員内部からも寄せられている。今後，なすべきことは山積みである。いずれにせよ良心的な科学者の深い反省の声を頼りに，今後のエネルギー政策の選択に向けた提言を出すところまで，日本学術会議ができるだけ早く到達できることを，心から願っている。

2　第159回総会ほか

　第159回総会は，2011年4月4日から6日にかけて行われた。今回の特別講演は，ノーベル科学賞の受賞者である根岸英一氏による「Magical Power of d-Block Transition Metals : Past, Present and Future」であった。総会では，外部評価書報告が行われたのち，「東日本大震災対策」ならびに「日本学術会議の機能強化」をめぐって，自由討議が行われた。

　人事に関しては，鈴村興太郎副会長（経済学委員会）が在外研究期間に入るため，広渡清吾第一部長（法学委員会）が4月4日付けで副会長に就任し，これに伴い，小林良彰会員（経済学委員会）が第一部長に就任することになった。さらに，金澤

一郎会長が6月19日に70歳の定年を迎えられたため，この日をもって会長職を退任された。7月11日に予定されている臨時総会で，新たな会長が選出される予定である。

なお，法学委員会の活動としては，「大学教育の分野別質保証の在り方検討委員会」の下に「法学分野の参照基準検討分科会」（委員長　河野正憲福岡大学法科大学院）が設けられたことをご報告する。これまでに同分科会では，「法学分野における学びを通じて学生は何を獲得することが期待されているのか」等について，4回の議論が重ねられてきている。他分野に関しても，それぞれとりまとめに向けた議論が進みつつある。

さて，次期・第22期の学術会議発足に向けて，現在，選考委員会が，会員候補者・連携会員候補者の選考を進めているところである。すでに6月23日の幹事会に候補者名簿が出された。幹事会の承認を経て，7月11日の臨時総会では，新たな名簿が決定する予定である。

（あさくら　むつこ）
（2011年6月23日記）

◆日本労働法学会第121回大会記事◆

　日本労働法学会第121回大会は，2011年5月15日（日），沖縄大学において，個別報告およびミニシンポジウムの二部構成で開催された（敬称略）。

　一　個別報告
〈第一会場〉
テーマ：「ドイツにおける解雇の金銭解決制度の史的形成と現代的展開」
報告者：山本陽大（同志社大学大学院）
司　会：土田道夫（同志社大学）
テーマ：「ドイツの変更解約告知制度」
報告者：金井幸子（愛知大学）
司　会：和田肇（名古屋大学）
〈第二会場〉
テーマ：「労働契約上の権利義務構成──イギリス法を手掛かりに」
報告者：龔敏（久留米大学）
司　会：野田進（九州大学）
テーマ：「性差別としての妊娠差別規制の諸問題」
報告者：富永晃一（信州大学）
司　会：荒木尚志（東京大学）
〈第三会場〉
テーマ：「有期労働契約の法規制のあり方に関する比較法的検討──日本・中国・
　　　　ドイツを比較して」
報告者：烏蘭格日楽（追手門学院大学非常勤講師）
司　会：大内伸哉（神戸大学）

　二　ミニシンポジウム
〈第一会場〉
テーマ：「個人請負・委託就業者の法的保護──労働契約法および労働組合法の適
　　　　用問題を含む」
司会・問題提起：鎌田耕一（東洋大学）
報告者：川田知子（中央大学）

　　　　　橋本陽子（学習院大学）
コメント：中窪裕也（一橋大学）
〈第二会場〉
テーマ：「障害者差別法理の理論的課題——合理的配慮を中心として」
司　会：山川隆一（慶應義塾大学）
報告者：中川純（北星学園大学）
　　　　畑井清隆（志学館大学）
　　　　長谷川珠子（福島大学）

　三　総　会
1　島田陽一代表理事より，代表理事就任の挨拶がなされた。また，東日本大震災により被害を受けられた方々へ向けて，黙禱が行われた。

2　2010年度決算・2011年度予算について
(1)　2010年度決算について，土田道夫事務局長より報告がなされた。また，有田謙司監事より，同決算につき監査済みの旨が報告された。以上を受けて，総会において，同決算が承認された。
(2)　2011年度予算案について，土田事務局長より報告がなされた。特に，収入に関して，会費収入の予算額が2010年度の決算額を下回っている理由は，2010年の会費収入の中には過年度の未納分の追納による一時的な増額が含まれているためであること，収支の均衡に関して，2011年度は名簿作成や理事選挙といった多額の支出を伴う業務が予定されていないため，予算において収入が支出を上回ることについて，説明がなされた。
以上を受けて，総会において2011年度予算が承認された。

3　今後の大会開催予定について
鎌田耕一企画委員長より，今後の大会予定に関し以下の通り報告がなされた。
◆第122回大会◆
(1)　日　時：2011年10月16日（日）
(2)　会　場：立教大学（社会保障法学会とは別会場）
(3)　統一テーマ：「労使関係の変化と労働組合法の課題」
(4)　司　会：村中孝史（京都大学），中窪裕也（一橋大学）
　　　報告者：久本憲夫（京都大学）「日本の労働組合をどう認識するか」
　　　　　　　名古道功（金沢大学）「コミュニティ・ユニオンと労働組合法理」

　　　　　皆川宏之（千葉大学）「集団的労働法における労働者像」
　　　　　木南直之（新潟大学）「労働組合法上の使用者概念と団交事項」
　　　　　奥田香子（近畿大学）「個別的労働関係法における労働組合の意義
　　　　　　　　　　　　　　　 と機能」

◆第123回大会◆
　(1)　日　時：2012年5月20日（日）
　(2)　会　場：関西学院大学
　(3)　個別報告について
　新屋敷恵美子会員（山口大学），田中健一会員（東洋大学非常勤講師），天野晋介会員（首都大学東京）が，個別報告を行うことが報告された。その他，エントリーがあった場合には，企画委員会で検討の上，決定することとされた。
　(4)　特別講演について
　企画委員会で名前の挙がった会員に打診し，了解が得られなかった場合には行わないことが報告された。
　(5)　ミニシンポジウムについて
　土田道夫理事（同志社大学）および野川忍理事（明治大学）を担当理事として，「国際労働（関係）法」，水町勇一郎理事（東京大学）を担当理事として，「労働審判利用者調査の結果報告」，浅倉むつ子理事（早稲田大学）および盛誠吾理事（一橋大学）を担当理事として，「東日本大震災と労働法」をテーマに，ミニシンポジウムを行うことが報告された。その他，労働時間法制，就労請求権，国家公務員制度改革と労働法，職場における精神障害の防止と補償がテーマの候補として挙げられており，企画委員会において引き続き検討することとされた。

◆第124回大会◆
　(1)　日時・会場
　会場は，学習院大学とすることで決定された。期日は未定である。
　(2)　内　容
　「派遣労働と有期労働」を統一テーマとして大シンポジウムを開催すること，担当理事は青野覚理事（明治大学）および米津孝司理事（中央大学）を予定していることが報告された。

　4　学会誌について
　野川忍編集委員長より，以下の内容が報告された。

(1) 学会誌117号がすでに刊行済みであることが報告された。
(2) 編集委員について，古川陽二会員（大東文化大学）が任期満了により石田信平会員（駿河台大学）に交代となること，竹内（奥野）寿会員（立教大学）が任期満了により富永晃一会員（信州大学）に交代となることが報告された。
(3) 学会誌掲載用原稿の執筆者への締切遵守要請問題につき，執筆者からの原稿提出が締切期日に間に合いそうにない場合に当該原稿の掲載号を遅らせることができる旨の提案を，次回の理事会で行い，学会誌118号の原稿執筆者には締切遵守を強く要請することが報告された。

5　日本学術会議報告

浅倉むつ子理事より，以下の報告がなされた。

第159回総会（2011年4月4日から6日）の報告は次回の学会誌にゆずり，3月11日の東日本大震災に対する日本学術会議の対応について，ご報告する。学術会議は，災害当日から1週間遅れながら，3月18日に幹事会声明を出し緊急集会を開き，東日本大災害対策委員会を設置して，以後，2か月の間に，第一次から第六次までの緊急提言を出してきた。これらはすべてHPに掲載されている。また，海外のアカデミーからの要望に応えて，5月2日には，「海外アカデミーへの現状報告」という文書を出した（英文もあり）。これら体系的・包括的文書に盛り込まれた政策提言は，その後，政府が打ち出した方針の中にほぼ反映されてきている。しかし，学術会議が，これまでの学術のあり方を批判的に自省しつつ脱原発の可能性を打ち出せるかどうかという大きな課題は，なお残っており，今後とも議論を重ねていかねばならない。

6　国際労働法社会保障法学会について

荒木尚志理事より，以下の報告がなされた。
(1) 第10回欧州地域会議は，2011年9月21日〜23日の日程でスペイン・セリビアにおいて開催される。テーマは以下の通りである。
◆第一テーマ：社会経済の変化と労働法・労使関係
◆第二テーマ：グローバル経済における団体交渉権
◆第三テーマ：失業者の社会的保護
◆ラウンドテーブル1：採用の媒介者としての公的・私的雇用サービス
◆ラウンドテーブル2：労働法・社会保障法の保護に欠ける者
◆ワークショップ1：労働法の変化と裁判所の役割
◆ワークショップ2：雇用関係の中断・停止

なお，2011年6月1日以降，登録料が引き上げられる。(会員：200,00€⇒300,00€)
(2) 第20回世界会議は，2012年9月25日～28日の日程で，チリ・サンチアゴにおいて開催される。登録料については，2011年7月末での登録料が390USD，8月1日以降は450USD，2012年3月1日以降は510USD，2012年7月1日以降は570USDとなる。テーマは以下の通りである。
◆第一テーマ：労働法の実効性と労働監督
◆第二テーマ：職場におけるいじめとセクシャル・ハラスメント
◆第三テーマ：基本権としてのストライキと市民の基本権との衝突可能性
　なお，上記の3テーマについては，3月中にナショナル・レポーターを募集し，第二テーマについては橋本陽子会員（学習院大学）に依頼することとした。第一テーマおよび第三テーマについては申し出がなかったため，日本支部事務局において調整を行う。
(3) 従来，ボルドーで開催されていた国際セミナーの後継セミナーである，リヨン国際労働法・労使関係セミナーが，2011年6月27日～7月8日の日程で，リヨンにおいて開催される。統一テーマは，「労働者の集団的代表制度の変容：法の役割」である。

7　入退会について

土田事務局長より，退会者6名・物故者1名および以下の13名について入会の申込みがあったことが報告され，総会にて承認された（敬称略）。
　海野久乃（大谷信盛事務所），大塚達生（弁護士），金高望（弁護士），上林陽治（地方自治総合研究所），笹山尚人（弁護士），園部洋士（弁護士），田中誠（弁護士），中島哲（弁護士），中益陽子（都留文科大学），本田敦子（弁護士），松本研二（一橋大学大学院），南知里（弁護士），村田浩治（弁護士）

◆日本労働法学会第122回大会案内◆

1 日時：2011年10月16日（日）
2 会場：立教大学（社会保障学会とは別会場）
3 大シンポジウム
　統一テーマ：「労使関係の変化と労働組合法の課題」
　司　会：村中孝史（京都大学），中窪裕也（一橋大学）
　報告者：久本憲夫（京都大学）「日本の労働組合をどう認識するか」
　　　　　名古道功（金沢大学）「コミュニティ・ユニオンと労働組合法理」
　　　　　皆川宏之（千葉大学）「集団的労働法における労働者像」
　　　　　木南直之（新潟大学）「労働組合法上の使用者概念と団交事項」
　　　　　奥田香子（近畿大学）「個別的労働関係法における労働組合の意義と機能」

日本労働法学会規約

第1章 総　　則

第1条　本会は日本労働法学会と称する。
第2条　本会の事務所は理事会の定める所に置く。(改正，昭和39・4・10第28回総会)

第2章 目的及び事業

第3条　本会は労働法の研究を目的とし，あわせて研究者相互の協力を促進し，内外の学会との連絡及び協力を図ることを目的とする。
第4条　本会は前条の目的を達成するため，左の事業を行なう。
　1．研究報告会の開催
　2．機関誌その他刊行物の発行
　3．内外の学会との連絡及び協力
　4．公開講演会の開催，その他本会の目的を達成するために必要な事業

第3章 会　　員

第5条　労働法を研究する者は本会の会員となることができる。
　本会に名誉会員を置くことができる。名誉会員は理事会の推薦にもとづき総会で決定する。
　(改正，昭和47・10・9第44回総会)
第6条　会員になろうとする者は会員2名の紹介により理事会の承諾を得なければならない。
第7条　会員は総会の定めるところにより会費を納めなければならない。会費を滞納した者は理事会において退会したものとみなすことができる。
第8条　会員は機関誌及び刊行物の実費配布をうけることができる。(改正，昭和40・10・12第30回総会，昭和47・10・9第44回総会)

第4章 機　　関

第9条　本会に左の役員を置く。
　1．選挙により選出された理事(選挙理事)20名及び理事会の推薦による理事(推薦理事)若干名

２．監事　２名
（改正，昭和30・5・3第10回総会，昭和34・10・12第19回総会，昭和47・10・9第44回総会）
第10条　選挙理事及び監事は左の方法により選任する。
　１．理事及び監事の選挙を実施するために選挙管理委員会をおく。選挙管理委員会は理事会の指名する若干名の委員によって構成され，互選で委員長を選ぶ。
　２．理事は任期残存の理事をのぞく本項第5号所定の資格を有する会員の中から10名を無記名5名連記の投票により選挙する。
　３．監事は無記名2名連記の投票により選挙する。
　４．第2号及び第3号の選挙は選挙管理委員会発行の所定の用紙により郵送の方法による。
　５．選挙が実施される総会に対応する前年期までに入会し同期までの会費を既に納めている者は，第2号及び第3号の選挙につき選挙権及び被選挙権を有する。
　６．選挙において同点者が生じた場合は抽せんによって当選者をきめる。
　推薦理事は全理事の同意を得て理事会が推薦し総会の追認を受ける。
　代表理事は理事会において互選し，その任期は2年とする。
　　（改正，昭和30・5・3第10回総会，昭和34・10・12第19回総会，昭和44・10・7第38回総会，昭和47・10・9第44回総会，昭和51・10・14第52回総会，平成22・10・17第120回総会）
第11条　理事の任期は4年とし，理事の半数は2年ごとに改選する。但し再選を妨げない。
　監事の任期は4年とし，再選は1回限りとする。
　補欠の理事及び監事の任期は前任者の残任期間とする。
　　（改正，昭和30・5・3第10回総会，平成17・10・16第110回総会，平成22・10・17第120回総会）
第12条　代表理事は本会を代表する。代表理事に故障がある場合にはその指名した他の理事が職務を代行する。
第13条　理事は理事会を組織し，会務を執行する。
第14条　監事は会計及び会務執行の状況を監査する。
第15条　理事会は委員を委嘱し会務の執行を補助させることができる。
第16条　代表理事は毎年少くとも1回会員の通常総会を招集しなければならない。
　代表理事は必要があると認めるときは何時でも臨時総会を招集することができる。総会員の5分の1以上の者が会議の目的たる事項を示して請求した時は，代表理事は臨時総会を招集しなければならない。

第17条　総会の議事は出席会員の過半数をもって決する。総会に出席しない会員は書面により他の出席会員にその議決権を委任することができる。

第5章　規約の変更

第18条　本規約の変更は総会員の5分の1以上又は理事の過半数の提案により総会出席会員の3分の2以上の賛成を得なければならない。

平成22年10月17日第120回総会による規約改正附則
第1条　本改正は，平成22年10月1日より施行する。
第2条　平成22年10月に在任する理事の任期については，次の通りとする。
　　一　平成21年5月に就任した理事の任期は，平成24年9月までとする。
　　二　平成22年10月に就任した理事の任期は，平成26年9月までとする。
第3条　平成21年5月に在任する監事の任期は，平成24年9月までとする。

学会事務局所在地
　〒602-8580　京都市上京区今出川通烏丸東入　同志社大学法学部・法学研究科
　　　　　　土田道夫研究室
　　　　　　TEL：075-251-3614
　　　　　　FAX：075-251-3060
　　　　　　e-mail：rougaku@gmail.com

SUMMARY

《Symposium I》

Purpose of Symposium and Report of Discussion

Koichi KAMATA

The purpose of this symposium was to explore the legal relationship and employment status of dependent contractors.

After receiving two presentations by Professor Yoko Hashimoto and associate Professor Tomoko Kawada and a comment by Professor Hiroya Nakakubo, we discussed mainly a criteria of employee under the Law of the Employment Contract and the Labor Union Law.

Status of Independent Contractors in the Law of Contract: Focusing on Midterm Cancellation and Refusal of Contract Renewal

Tomoko KAWADA

I Introduction
 1 Situation of Problems and Subjects on Independent Contractors
 2 Subjects and Methods for Consideration

II Trend of Court Precedents in respect of Midterm Cancellation and Refusal of Contract Renewals on Independent Contractors
 1 Court Cases and Method of Classifications
 2 Analysis of Court Cases

    (1) "Outside-Contract Job Type"
    (2) "Professional Job Type"
    (3) "Special-skill Job Type"
    (4) "Transportation Contract Type"
    (5) "Franchise Type"
  3 Sub-Conclusion

Ⅲ Rules for Midterm Cancellation and Refusal of Contract Renewal on Independent Contractors
  1 Concept of "Labor Contract" on Contract of Employment Law
    (1) Concept of "Employee" and "Labor Contract" on Contract of Employment Law
    (2) "Labor Contract" on Contract of Employment Law
  2 Application of Contract Law
    (1) Evasion of the Law (Circumvention of the Law)
    (2) Legal Principle of Continual Contract
      (a) Cases of Midterm Cancellation
      (b) Refusal Cases of Contract Renewal

Ⅳ Conclusion

Independent Contractors and the Notion of the Employee of the Labor Union Law

Yoko HASHIMOTO

Ⅰ Introduction

Ⅱ Criteria of the Employee in the Case Law and the Decision of Central Labor Commission

SUMMARY

1 Summary of the Case Law and the Decision of the Central Labor Commission
  (1) Criteria of the Employee of the Labor Union Law
  (2) Difference from the Supreme Court Decision of the "CBC Orchestra" Case
  (3) Way of the Fact Finding
2 Analysis
  (1) Difference between Criteria of the Employee of the Labor Standards Law and that of the Labor Union Law
  (2) Meaning of the Criteria of the "Integration into the Organization of the Firm"

Ⅲ Proposal to Clarify the Notion of the Employee of the Labor Union Law
  1 Need to Distinguish between the Notion of the Employee and that of the Undertaking
    (1) Method of the Construction of the Notion of the Employee
    (2) Relation to the Notion of the Undertaking of the Competition Law
    (3) European Law
  2 Proposal to Clarify the Notion of the Employee of the Labor Union Law

Ⅳ Conclusion

Comment

Hiroya NAKAKUBO

After reviewing the two presentations, the commentator raised some questions and identified the issues to be explored.

《Symposium II》

Purpose and Summary of Symposium

Ryuichi YAMAKAWA
Jun NAKAGAWA

Japan is currently considering legislation to prohibit employment discrimination because of disability. Such legislation is necessary in order to ratify the Convention on the Rights of Persons with Disabilities (CRPD). The CRPD requires signatory countries, among other things, to establish a rule that employers shall provide reasonable accommodation for disabled employees. The notion of the "reasonable accommodation" has been unfamiliar to Japan, while Japan has adopted a quota system that requires employers to hire disabled persons. Also, the definition of the term "disability" is important, since the scope of the definition determines the practical significance of the law regarding employment discrimination on disability. Furthermore, it is necessary to consider how such new legislation shall be enforced, especially in view of the fact that notion of the "reasonable accommodation" is a new concept to Japanese law.

Against such background, this symposium intended to explore three significant issues arising from employment discrimination on disability, *i.e.*, reasonable accommodation, definition of disability and enforcement system. Tamako Hasegawa focused on the notion of reasonable accommodation, and proposed that the different treatment of disabled persons through reasonable accommodation is tantamount to equal treatment and that the requirement of reasonable accommodation would be compatible with the current quota system. Kiyotaka Hatai examined the definition of disability and the scope of protected persons under disability discrimination law. He maintained that the term "disability" shall be defined broadly,

SUMMARY

and that any qualified persons shall be protected including persons merely regarded as disabled and persons who have family members with disabilities. Lastly, Jun Nakagawa made a proposal for the successful enforcement of the disability discrimination law. His proposal included the establishment of the legal standard for judicial relief for discrimination, as well as the implementation of the effective dispute resolution systems. He recommended the introduction of mediation in the course of the administrative ADR for disputes regarding disability discrimination.

After these three presentations, active and fruitful discussion followed. Although several issues remained to be addressed from broader viewpoints including social security law, it appears that participants reached common understanding that the topics of this symposium are important for Japan's employment discrimination law in the future.

Remedies and Enforcement of New Disability Antidiscrimination Act: Lessons from the Experience of ADA

Jun NAKAGAWA

This study explores what judicial remedies and administrative enforcement the upcoming Japanese antidiscrimination act should have from the perspectives of the Americans with Disabilities Act. Especially, it examines whether the present law and enforcement for discrimination in employment in Japan may respond to prohibition on disability discrimination, such as the duty of reasonable accommodation which the act would require.

First, it clarifies that the present Japanese discrimination law mainly based on tort liability, or abuse of the public order, which puts priority on employer's management and employment discretion, may not come up to the purpose and remedies of the new disability antidiscrimination act from the American experience. Thus, it emphasizes that the new act should prepare for higher standards of the burdens of proofs corresponding to mixed-motive, disparate impact or reasonable accommodation case.

Second, it recommends that the new act set up administrative enforcement (ADR), similar to United States Employment Equal Opportunity Commission, for implementing more immediate, satisfactory, and less costly resolution of disability discrimination dispute. Although the Office of Employment Equality, Prefectural Labor Department of the Ministry of Health, Labor and Welfare plays an important, partially similar to EEOC, role in the field of sex discrimination, it advises that the new act apply this kind of administrative enforcement for disability discrimination dispute. In addition, it recommends that the new act introduce the mediation into the administrative enforcement, which is evaluated more effective and functional in the United States.

The Meaning of Prohibited Ground and Protected Class in Disability Antidiscrimination Law

Kiyotaka HATAI

I Introduction

II The Prohibited Ground and Protected Class of ADA
  1 The Prohibited Ground of ADA
   (1) The Three-part Definition of Disability of ADA
   (2) Grounds that the Extent of Disability is not to be Limited
   (3) Prohibited Ground in Disability Discrimination Law
   (4) The Definition of Perceived Disability of ADA
  2 The Protected Class of ADA

Ⅲ Examinations of Formulations of Prohibited Ground and Protected Class
　1　The Extent of Protected Class
　　(1) Considerable Limitation on Dairy Life
　　(2) Considerable Limitation on Social Life
　2　The Definition of Disability as Prohibited Ground

Ⅳ Conclusion

The Notion of Discrimination in Disability Antidiscrimination Act: The Placement of Reasonable Accommodation

Tamako HASEGAWA

Ⅰ　Introduction: Purpose of This Paper

Ⅱ　Antidiscrimination Act in the United States and Distinctive Features of Americans with Disabilities Act

Ⅲ　Employment Discrimination
　1　Employment Discrimination in the Title Ⅶ of the Civil Rights Act of 1964
　2　Employment Discrimination in the ADA
　　(1) Structure of ADA
　　(2) Reasonable Accommodation
　　(3) Undue Hardship
　　(4) Cases of Reasonable Accommodations

Ⅳ　Evaluation of Reasonable Accommodation in Antidiscrimination Act

 1 Requirements of Qualification
 2 Evaluation of Reasonable Accommodation

V Coexistence of Disability Antidiscrimination Act and Quota System
 1 Quota System in Japan
 2 Japanese Disability Antidiscrimination Act

SUMMARY

《Article》

Die historische Gestaltung und moderner Entwicklung des Geldlösungssystemes von der Kündigung in Deutsland

Yota **YAMAMOTO**

I　Einleitung

II　Auflösung des Arbeitsverhältnisses durch Urteil des Gerichts; Abfindung des Arbeitnehmers（§§9, 10 KSchG）
　1　Überblick
　2　Historischer Gestaltungsprozeß
　3　Die normative Rechtmäßigkeit des Systems
　4　Voraussetzungen des Auflösungurteils
　5　Rechtsfolgen

III　Diskussion über die Reform der Kündigungsrecht in Deutschland und §1a KSchG
　1　Das Blühen von der Diskussion über die Reform der Kundigungsrecht nach vor 2000 Jahren
　2　Einführung und Beurteilung des §1a KSchG

IV　Zusammenfassung
　1　Zusammenfassung des deutschen Recht
　2　Untersuchungsproblem des japanischen Recht

The Regulation on the Exercise of Employer's Power and the Formation of Implied Obligation in Employment Contract

Min GONG

The 2008 Labor Contract Law in China ensures that every employee receives a written contract to protect his/her right. If an employer doesn't produce a contract signed by all involved parties, it is automatically held liable for the compensation of doubling the existing salary of the employee. In this article, the author studies two issues undermining this law currently in China. The first is that many unfair clauses are added by the employer in written employment contract. The second is that there isn't a benchmark about the implied obligation of the party if nothing is written in the contract on the issue. To solve these two problems, the author examines the theory of regulation on the exercise of employer's power in Japan and the theory of implied terms in employment contract in the UK. After analyzing these two theories, the author proposes the regulation on the exercise of employer's power and the formation of implied obligation in employment contract in Chinese employment contract system.

I Introduction

II Two Issues in the Theory of Employment Contract in China

III The Theory of Regulation on the Exercise of Employer's Power in Japan

IV The Theory of Implied Obligation in Employment Contract in the UK

SUMMARY

V Conclusions

Pregnancy Discrimination as Sex Discrimination

Koichi TOMINAGA

In this article, the author argues that non-discrimination clauses' scope should be limited to issues in which proper comparators are, at least abstractly, found. The author takes pregnancy discrimination legislation for example to support his argument.

Germany and the U.S.A., which prohibit pregnancy discrimination as direct sex discrimination, adopt substitute comparators to recognize pregnancy discrimination. However, such substitute comparators are not always adequate for all situations, and often cause problems of over- or under-protection.

To avoid such side-effects, the author suggests that pregnancy discrimination might be better seen as discrimination between pregnant and non-pregnant workers than direct sex discrimination between men and women. This view makes it easier to enable necessary and appropriate level of protections for pregnant workers. Then, such protective regulations should be checked with indirect sex discrimination framework to ensure equality between men and women.

I Introduction
  1 Discrimination without Proper Comparators
  2 Example : Pregnancy Discrimination as Sex Discrimination
  3 Purpose of this Article

II Pregnancy Discrimination Legislation in Germany and the U.S.A.

1　Germany
　　2　U.S.A.

Ⅲ　Conclusion
　　1　Comparators in Non-discrimination Clauses
　　2　Substitute Comparators in Pregnancy Discrimination
　　3　Problems Caused by Substitute Comparators

A Comparative Analysis of Legal Regulations on Fixed-term Employment : Japan, China and Germany

Wulangerile

　This study aims to present a view on the legal regulations on fixed-term employment in Japan, through comparative analysis of corresponding legal regulations in China and Germany. By studying the development of legal regulations on fixed-term contracts in both China and Germany, I have made the following two points that give suggestions on how to establish or interpret the legal regulations of Japan. The first point is the importance of effect of employment creation produced by fixed-term employment in the labor market. The second point is the importance of protection of fixed-term employed workers in consideration of balance with permanent-term employed workers.

　As a result of the study mentioned above, I have come to the following conclusion. In view of the legal system framework required in Japan in future, firstly, it is not appropriate to introduce "entrance regulations" by legislation. Secondly, in the labor market of Japan where typical employment and atypical employment are segmented, it is important to enforce policies to improve occupational skills of workers employed under fixed-term contracts and thereby enhance their competitiveness in the labor

SUMMARY

market. Thirdly, it is important to protect workers who, at the expiration of the term of contracts, have not become permanent-term employed workers. To be concrete, if a switch to permanent-term employment is mandated by specific "exit regulations" nowadays in Japan, there is the possibility that such a switch to permanent-term employment may not result in protection of workers, if the diversification of workers employed under fixed-term contracts and actual conditions of such contracts and the operation thereof are taken into consideration. Rather, in order to avoid such problems, it is worthy of consideration to take, as a legal policy, flexible solutions including monetary solutions.

編集後記

◇ 3月11日に起きた東日本大震災により被災された皆様に謹んでお見舞い申し上げます。震災によって日本の社会・経済を取り巻く環境は一変した。とりわけ雇用・社会保障の分野は今後の国民生活を支えていくうえで要となる。本学会に課せられた役割は非常に大きいものであることを自覚せざるを得ない。

◇ 本号は，2011年5月15日に沖縄大学において行われた日本労働法学会第121回大会におけるミニシンポジウム報告と個別報告を中心に編集されている。

◇ 個別報告，ミニシンポジウムともに，今後の労働契約法制の重大な課題となり得る分野に関わる基礎的研究報告，および，労使関係における妊娠・障害を理由とする差別の禁止法理に関わる研究報告がなされた。

◇ 本誌の発刊スケジュールが非常に厳しい中，各執筆者の方々には種々のご無理をお願いした。また，査読委員長である小宮文人会員と査読を担当された各会員にも，迅速かつ丁寧に査読作業を行っていただき，編集作業の進行にご協力いただいた。この場をかりて改めて感謝を申し上げる次第である。

◇ 最後に，本号の編集に当たっては，法律文化社の小西英央氏，瀧本佳代氏に大変お世話になった。心より御礼申し上げたい。　　　　　　　　　　　　　　　　　（畑中祥子／記）

《学会誌編集委員会》
野川忍（委員長），長谷川聡，梶川敦子，紺屋博昭，中内哲，篠原信貴，細谷越史，奥田香子，畑中祥子，渡邊絹子，阿部未央，石田信平，富永晃一（以上，2011年9月現在）

個人請負・委託就業者の法的保護
障害者差別禁止法の理論的課題
　　　　　　　　　　　　　　　　　　　　　　　日本労働法学会誌118号

2011年10月10日　印　刷
2011年10月20日　発　行

編　集　者　日本労働法学会
発　行　者

印刷所　株式会社 共同印刷工業　〒615-0052 京都市右京区西院清水町156-1
　　　　　　　　　　　　　　　　電　話　(075)313-1010

発売元　株式会社 法律文化社　〒603-8053 京都市北区上賀茂岩ヶ垣内町71
　　　　　　　　　　　　　　　電　話　(075)791-7131
　　　　　　　　　　　　　　　Ｆ Ａ Ｘ　(075)721-8400

2011 ⓒ 日本労働法学会　Printed in Japan
装丁　白沢　正
ISBN978-4-589-03370-3